APRENDIZAGEM ATRAVÉS DO
Jogo

AUTORES

Juan Antonio Moreno Murcia (org.). Universidade de Murcia.

Alfonso Valero Valenzuela. Doutor em Educação Física.
Carmen Trigueros Cervantes. Universidade de Granada.
Jesús Paredes Ortiz. Universidade Católica San Antonio de Murcia.
José Luis Conde Caveda. Universidade de Granada.
María Teresa Martínez Fuente. Universidade de Murcia.
Melchor Gutiérrez Sanmartín. Universidade de Valência.
Pedro Luis Rodríguez García. Universidade de Murcia.
Roberto Sánchez Gómez. Licenciado em Educação Física.
Víctor Pérez Samaniego. Universidade de Alcalá de Henares.
Virginia Viciana Garófano. Universidade de Granada.

A654   Aprendizagem através do jogo / organizado por
           Juan Antonio Moreno Murcia ; tradução Valério Campos.
        – Porto Alegre : Artmed, 2005.
        173 p. ; 23 cm.

        ISBN 978-85-363-0502-8

        1. Educação – Jogos – Lúdico – Aprendizagem.
        I. Moreno Murcia, Juan Antonio. II. Título.

        CDU 371.695

Catalogação na publicação: Mônica Ballejo Canto – CRB 10/1023

APRENDIZAGEM ATRAVÉS DO
Jogo

Juan Antonio Moreno Murcia
e colaboradores

Tradução:
Valério Campos

Consultoria, supervisão e revisão técnica desta edição:
Ana Lúcia Sícoli Petty
*Mestre em Psicologia Escolar pelo
Instituto de Psicologia da Universidade de São Paulo
Técnica do Laboratório de Psicopedagogia (LaPp)
do Instituto de Psicopedagogia da USP*

Reimpressão 2008

artmed®

2005

Obra originalmente publicada sob o título
Aprendizaje a través del juego

© Ediciones Aljibe, 2002
ISBN 84-9700-095-1

Capa
Gustavo Macri

Preparação do original
Greice Zenker Peixoto

Leitura final
Maria Rita Quintella

Supervisão editorial
Mônica Ballejo Canto

Projeto gráfico e editoração eletrônica
Armazém Digital Editoração Eletrônica – rcmv

Reservados todos os direitos de publicação, em língua portuguesa, à
ARTMED® EDITORA S.A.
Av. Jerônimo de Ornelas, 670 - Santana
90040-340 Porto Alegre RS
Fone (51) 3027-7000 Fax (51) 3027-7070

É proibida a duplicação ou reprodução deste volume, no todo ou
em parte, sob quaisquer formas ou por quaisquer meios (eletrônico,
mecânico, gravação, fotocópia, distribuição na Web e outros), sem
permissão expressa da Editora.

SÃO PAULO
Av. Angélica, 1091 - Higienópolis
01227-100 São Paulo SP
Fone (11) 3665-1100 Fax (11) 3667-1333

SAC 0800 703-3444

IMPRESSO NO BRASIL
PRINTED IN BRAZIL
Impresso sob demanda na Meta Brasil a pedido de Grupo A Educação.

Apresentação

O movimento supõe a maior expressão de vitalidade nos seres vivos. Por isso, poderíamos estabelecer um paralelo entre a curva de vida humana e a manifestação de movimento em cada um de seus aspectos.

Nesse sentido, considerando o período da infância, encontramos uma suprema manifestação de energia e da necessidade de liberdade na expressão máxima das ações. Essa explosão de vitalidade diminuirá paulatinamente, de forma involutiva, até a etapa adulta, tornando-se diminuta quando for transposta a barreira da senilidade.

Na mesma linha de consideração, a "atividade lúdica" segue de forma inexorável o caminho marcado pela necessidade de movimento e vitalidade, de tal forma que as necessidades de jogo* se apresentam, para a pessoa, em momentos da vida nos quais são imprescindíveis as manifestações de atividade e de movimento. Podemos comprovar claramente que o jogo mostra-se onipresente durante a infância, sendo um elemento necessário para o desenvolvimento e a formação das crianças. Mas que componentes essenciais constituem o jogo e o tornam fundamental durante a infância?

Poderíamos assinalar, dada a múltipla contribuição de diversos autores, que o jogo "é uma atividade livre, desenvolvida de forma espontânea, que não possui finalidade exterior, com tendência recreativa e certas doses de tensão, devendo seguir regras definidas pelos próprios participantes, as quais são suscetíveis a constantes variações". O fato de existirem manifestações espontâ-

---

*N. de R.T. Os termos "jogo" e "brincadeira" são utilizados no texto para expressar conteúdos semelhantes. Assim como nos lembram os autores, a palavra "jogo" e as definições para jogar e brincar são inúmeras, mas há uma regularidade e pontos em comum entre elas. Portanto, no texto, ora veremos a palavra jogo, ora a palavra brincadeira, referindo-se ao conjunto de atividades lúdicas características do universo infantil.

neas de caráter lúdico pressupõe a clara expressão de uma série de mecanismos que asseguram o desenvolvimento corporal harmônico por parte do sujeito; ou seja, o jogo motor formará um suporte de atividade que estimula a formação da estrutura corporal em crescimento. Mas, junto a tal contribuição do puramente corporal, é imprescindível destacar uma formação integral referente a outras vertentes fundamentais do ser humano, como a biológica, a cognitiva e a socioafetiva.

No contexto educativo, devemos ter uma sensibilidade especial ante esta série de considerações, sobretudo nos níveis iniciais do ensino, nos quais o educador deve conhecer as necessidades dos alunos do ponto de vista lúdico e saber orientar suas tarefas até a obtenção dos máximos objetivos possíveis. Assim, por intermédio da Educação Física, podem-se alcançar os objetivos de aprendizagem mediante a organização de situações lúdicas que aproximem os conteúdos de forma direta às necessidades dos estudantes dessa idade.

Não podemos cair na tentação de extrair atividades físicas de natureza analítica que gerem dificuldades em nossos alunos quando, ao contrário, podemos criar todo tipo de situações lúdicas capazes de satisfazer idênticos objetivos, estabelecendo um processo de formação mais rico e significativo. Para levar a cabo tal circunstância, é preciso que conheçamos as características de desenvolvimento e amadurecimento das crianças em cada um dos períodos educativos, bem como dos conteúdos primordiais a serem abordados para conseguir uma ótima relação de ensino-aprendizagem.

As etapas de ensino infantil e de ensino fundamental obrigatório representam um marco de intervenção inigualável para desenvolver uma grande quantidade de conteúdos educativos explicitados pela aplicação de jogos motores. Vamos considerar que o estudo das características evolutivas em cada uma das etapas educativas que compreendem o ensino infantil e o fundamental consiste em um ponto de partida imprescindível para orientar as características das atividades físicas que podem ser programadas nestas etapas. Dentro da programação dessa série de tarefas, temos como elemento primordial o jogo e, para facilitar um pouco mais a sua utilização no ensino, elaboramos este livro.

Esperamos que esta obra possa dar resposta a algumas das dúvidas manifestadas em relação à orientação que os jogos devem ter no ensino infantil e fundamental e ajude, também, a orientar as tarefas educativas sob estruturas lúdicas que, como observamos, são essenciais durante as primeiras etapas educativas.

Finalmente, deve-se destacar que, neste volume, se utilizam substantivos genéricos como "criança", "sujeito", "indivíduo", "aluno", "educador", "jogador" etc., e, sempre que não houver indicação contrária, referem-se a homens e mulheres.

Sumário

Apresentação v

1. Aproximação teórica à realidade do jogo 9
Jesús Paredes Ortiz

2. Evolução do jogo ao longo do ciclo vital 29
María Teresa Martínez Fuentes

3. Aprendizagem de valores sociais através do jogo 45
Melchor Gutiérrez Sanmartín

4. O jogo no currículo da educação infantil 59
Virginia Viciana Garófano e José Luis Conde Caveda

5. O jogo no ensino fundamental 89
Alfonso Valero Valenzuela

6. O jogo tradicional na socialização das crianças 109
Carmen Trigueros Cervantes

7. A aprendizagem através dos jogos cooperativos 123
Roberto Sánchez Gómez e Víctor Pérez Samaniego

8. Do jogo ao esporte 139
Juan Antonio Moreno Murcia e Pedro Luis Rodríguez García

Referências 157

1
Aproximação teórica à realidade do jogo

JESÚS PAREDES ORTIZ

INTRODUÇÃO

O jogo está intimamente ligado à espécie humana. A atividade lúdica é tão antiga quanto a humanidade. O ser humano sempre jogou, em todas as circunstâncias e em todas as culturas. Desde a infância, joga às vezes mais, às vezes menos e, através do jogo, aprendeu normas de comportamento que o ajudaram a se tornar adulto; portanto, aprendeu a viver. Atrevo-me a afirmar que a identidade de um povo está fielmente ligada ao desenvolvimento do jogo, que, por sua vez, é gerador de cultura.

O jogo é um fenômeno antropológico que se deve considerar no estudo do ser humano. É uma constante em todas as civilizações, esteve sempre unido à cultura dos povos, à sua história, ao mágico, ao sagrado, ao amor, à arte, à língua, à literatura, aos costumes, à guerra. O jogo serviu de vínculo entre povos, é um facilitador da comunicação entre os seres humanos.

Entretanto, ele não era bem-visto pela pedagogia tradicional; a educação e o jogo não eram considerados bons aliados. Apesar disso, as crianças aprendem jogando, já que fazem da própria vida um jogo constante. Felizmente, a posição da pedagogia atual converteu "o princípio do jogo ao trabalho" (Marin, 1982) em máxima da didática infantil. O jogo deve ser utilizado como meio formativo na infância e na adolescência. A atividade lúdica é um elemento metodológico ideal para dotar as crianças de uma formação integral.

Alguns teóricos (Huizinga, 1938; Gruppe, 1976; Cagigal, 1979; Moor, 1981; Blanchard e Cheska, 1986) classificam-no como elemento antropológico fundamental na educação. Sob este ponto de vista, o jogo potencializa a identidade do grupo social. Contribui para fomentar a coesão e a solidariedade do grupo e, portanto, favorece os sentimentos de comunidade. Aparece como mecanismo de identificação do indivíduo e do grupo. "Jogar não é estudar nem trabalhar, mas, jogando, a criança aprende a conhecer e a compreender o mundo social que a cerca" (Ortega, 1990).

Dessa forma, a criança aprende valores humanos e éticos destinados à formação integral de sua personalidade e ao desenvolvimento motor e intelectual. O jogo, portanto, é um caminho para a solução defendida por Einstein (1981): "A supervalorização do intelectual em nossa educação, dirigida à eficácia e à praticidade, prejudicou os valores éticos".

O ensino deve favorecer uma participação mais ativa por parte da criança no processo educativo. Deve-se estimular as atividades lúdicas como meio pedagógico que, junto com outras atividades, como as artísticas e musicais, ajudam a enriquecer a personalidade criadora, necessária para enfrentar os desafios na vida. Para qualquer aprendizagem, tão importante como adquirir, é sentir os conhecimentos. "O verdadeiro valor do jogo reside na quantidade de oportunidades que oferece para que a educação possa ser levada a cabo" (Gruppe, 1976). A esse respeito, Giles Ferry (citado por Bandet e Abbadie, 1975) acrescenta que, na escola do futuro, não se tratará de adquirir conhecimentos, mas de aprender a transformar-se, a mudar.

As características do jogo fazem com que ele mesmo seja um veículo de aprendizagem e comunicação ideal para o desenvolvimento da personalidade e da inteligência emocional da criança. Divertir-se enquanto aprende e envolver-se com a aprendizagem fazem com que a criança cresça, mude e participe ativamente do processo educativo. A importância e a necessidade do jogo como meio educativo foi além do reconhecimento e se converteu em um direito inalienável das crianças: "A criança desfrutará plenamente do jogo e das diversões, que deverão estar orientados para finalidades perseguidas pela educação; a sociedade e as autoridades públicas se esforçarão para promover o cumprimento desse direito" (Declaração Universal dos Direitos da Criança, art. 7º).

O jogo deve cumprir duas funções na escola como conteúdo e como finalidade: a educação através do jogo e para o jogo. A aprendizagem, necessária para alcançar o desenvolvimento completo, está continuamente presente, tanto na escola quanto na própria vida. É necessário aprender em todas as etapas da vida para formar de maneira harmônica a personalidade da criança e com ela desenvolver e manter um fio vital de expressão e de entendimento com o mundo que a cerca. Aprender jogando é o primário, o mais simples e natural na criança, já que é o menos traumático. O jogo é a primeira expressão da criança, a mais pura e espontânea, logo, a mais natural. Atendendo a essas duas funções que o jogo deve cumprir, primeiro na vida escolar e depois em sua vida profissional, a criança deve ser protagonista de sua educação (Imeroni, 1980) e jogar por jogar é a primeira disciplina a ser cursada (Feslikenian, 1974).

O jogo é um elemento transmissor e dinamizador de costumes e condutas sociais. Pode ser um elemento essencial para preparar de maneira integral os jovens para a vida. "Seria ideal que o objetivo máximo da educação fosse a felicidade e, então, o jogo teria um papel predominante" (Delgado, 1991). Este objetivo aponta para a busca do equilíbrio vital, a realização pessoal e social. Rojas (1998) vai ainda mais longe e faz uma afirmação tão categórica quanto bela: "A meta do homem na vida é ser feliz".

SOBRE A ETIMOLOGIA DO TERMO JOGO (E OUTROS TERMOS TÉCNICOS UTILIZADOS PARA REFERIR-SE A ELE)

Fazendo referência à importância do verdadeiro significado dos termos e sua aplicação à cultura, encontramos um estudo de Dehoux (1965) que inclui a seguinte citação de Flaubert: "As causas principais dos nossos erros provêm, quase todas, do mau uso das palavras".

Buytendijk (1935) oferece-nos uma análise etimológica da palavra "jogo", tentando deduzir os sinais característicos dos processos a que se refere. Nos fala do "movimento de vaivém" (*hind und her bewegung*), da espontaneidade, da alegria e do lazer. Diz que a criança distingue muito bem o que é jogo e o que não merece sê-lo.

A palavra jogo aparece como uma simples atividade humana. Aceitou-se com a naturalidade de um simples ato, como comer ou dormir. A complexidade do termo é determinada pela preocupação de explicar melhor a natureza humana. Assim, essa palavra está em constante movimento e crescimento, e faz parte de nossa maneira de viver e de pensar; *jogo* é sinônimo de conduta humana.

A seguir, mostraremos brevemente a etimologia das palavras que significam *jogo* em distintas sociedades.

A raiz do vocábulo *jogo* aparece em indoeuropeu como *aig-, que significa duvidar, oscilar e mover-se.

O sânscrito possui diferentes raízes para se referir ao conceito de jogo. O termo mais usado é *kridati*, que descreve o jogo das crianças, dos adultos e dos animais. Serve também para se referir ao agitar do vento e às ondas, podendo se referir, inclusive, a saltos ou à dança em geral. Com significado parecido, há a raiz *nrt*, que se refere a todo o campo da dança e à representação dramática. *Divyati* refere-se ao jogo de dardos, por um lado, e, por outro, ao brincar em geral, ao aprontar, ao burlar, ao zombar, mesmo que seu primeiro significado seja jogar fora, relacionando-se também com o termo irradiar. Na raiz *las,* de que procede *vilasa*, juntam-se os significados de irradiar, aparecer repentinamente, soar de novo, vaivém, jogar e estar ocupado ou fazer algo. A raiz *lila* aparece em *lilayati*, que significa oscilar, balanço. Assim se expressou o aéreo, o ligeiro, o alegre, o livre e o transcendental do jogo. Além disso, "lila" também é o aparente, a imitação própria do jogo. O ponto semântico comum em todas essas palavras que expressam o conceito *jogo* parece ser um movimento rápido. Presente também aparece em sânscrito como *kliada*, com o significado de jogo, alegria.

Em hebraico, aparece, no Antigo Testamento, a forma *sahaq*. Refere-se ao jogo, mesmo que seu significado primário seja rir, brincar e também dançar e jogar.

Em antigo índio, temos a forma *éjati* e também *íngati*, que significa algo que se move.

Em chinês, sabemos de palavras mais importantes para se referir à função lúdica: *wan*, relativo ao jogo infantil; *tscheng*, para se referir a qualquer jogo competitivo, e *sai*, competição em que se obtém prêmio ou então campeonato, torneio.

Em japonês, utiliza-se o substantivo *asobi* para se referir a jogo e o verbo *asobu*, que significa jogar, diversão, distração, excursão, recreação, jogar dardos. As coisas são apresentadas como se as classes superiores sempre se expressassem jogando.

Nos idiomas semíticos, o jogo é marcado pela raiz *la'ab*, que significa jogar; expressão similar é *la'at*, que é brincar, zombar, rir.

Em árabe, *la'iba* é jogar em geral, zombar. Também é interessante comprovar o significado de "jogar um instrumento musical", que tem em comum o árabe *la'iba* com alguns idiomas modernos, os germânicos e o francês em representação dos românicos. O francês é o único idioma românico que utiliza essa forma, o que poderia indicar alguma influência germânica. Em castelhano, com o sentido de tocar, conserva-se em algumas canções tradicionais.

Em hebreu-aramaico, *la'ab* significa zombar e rir.

No gótico, *laikan* significa jogar e saltar.

Em grego clássico, a palavra mais usada é "παιδια", a qual se refere a jogo, especialmente ao infantil. É da mesma etimologia, mas se diferencia no acento, da palavra "παιδια/παιδεια", cujo significado é infância e educação das crianças. Também se utiliza o termo "παιγνια", que significa jogo, diversão e, com a mesma etimologia, aparece "παιγνιϖδησ", não apenas limitada ao jogo infantil, mas também ligada a bom humor e diversão, algo como "criancices". Ainda há:

"παιζω", jogar e "παιγμα e παιγνιον", com referência a todas as formas de jogo e de brinquedos.

"αθυρω e αδυρμα" referem-se à ação de jogar, de brincadeira e de diversão.

"αγων" é o jogo de competição e luta, mas também se refere aos grandes jogos (é impossível separar a competição no mundo grego do trinômio jogo, festa e ato sagrado). O grego possui uma expressão para o jogo infantil com o sufixo "inda", que significa jogar. Por exemplo, as crianças gregas jogam com a bola "σφαιρινδα"; com a corda, "ελκυστινδα"; jogo de lançamento, "στρεπτινδα"; brincam de ser rei, "βασιλινδα".

No antigo alemão, utilizava-se o substantivo *leich*, com referência a jogo, dança e exercícios corporais.

No antigo anglo-saxão, *lâc* e *lâcan*, jogo, saltar, mover-se, sacrifício, oferenda, presente em geral, um favor e até generosidade.

No velho nórdico, *leikr, leika*, jogo, dança e exercícios físicos.

No holandês antigo, havia três formas de se referir a jogo com os seguintes significados: *huweleec, huweleic* (contrair matrimônio); *feestelijk* (festa); *vechtelic* (combate).

No velho frisão: *fyuchtleek*. A partir do século XII, em antigo eslavo, russo antigo e atual *urpá* (igrá).

Em antigo escandinavo, *eiken* (atrevido, selvagem).

Em antigo eslavo, russo antigo e atual UGPÁ (igrá).

Em ucraniano: RRA (grá); em servo-croata: URRA (igrá).

Em bielo-russo: IRRÁ (igrá); em búlgaro: URRÁ (igrá).

Em esloveno: IGRA (igra); em tcheco: HRA (hra).

Em eslovaco: HRA (hra); em polonês: GRA (grã).

Em húngaro: JÁTEK (játek); em norueguês: *spill*; em sueco, *spel, spelet*.

Em romeno e catalão: *joc*; em português e galego: *jogo*; em basco: *jolas, joko*.

Em italiano: *giuoco*; em alemão: *spilan*, movimento rápido e suave como o do pêndulo, que produz grande prazer; em neerlandês, *spel*.

Em inglês *play* (jogo, diversão, jogada, brincar, tocar um instrumento); do ponto de vista semântico, tal expressão origina-se do velho inglês *plega, plegan*, que significa jogo e jogar. Também significa movimento rápido e tocar um instrumento. Este *plegan* corresponde exatamente ao *plegan* do velho alto-alemão e ao *plega* do alto frisão, de que procedem o alemão *pflegen* e o holandês *plegen* (em latim vulgar, *plegium*). Em inglês, também se utiliza *game* (jogo, esporte, diversão, passatempo, desafio).

Afirma Corominas (1984) que o vocábulo jogo procede etimologicamente do latim *iocus –i* (brincadeira, gozação, ligeireza, passatempo, diversão); *ioci*, jogos, diversões, passatempo. Segundo Huizinga (1952), *iocus –i, iocari* não designa o verdadeiro sentido do jogo ou o jogo autêntico. Trapero (1971) afirma que *jocus* significa chiste, brincadeira, diversão. Na Idade Média, essa palavra era usada para se referir ao significado de burla. Têm relação direta com essa palavra: *ioculator, jongleur, juglar*, significando bardo, cantor, músico e malabarista; corresponde a *spielman*, homem que joga, músico. Vimos que as línguas germânicas utilizam o verbo *jogar* para se referir também a tocar algum instrumento musical. No castelhano medieval, aparece *yogar* com vários sentidos, entre os quais tocar instrumentos.

Para o estudo etimológico, deve-se considerar também *ludus- i*, vocábulo latino que abarca o campo do jogo, diversão. *Ludo, lusi, lusum* é o ato de jogar, é o gosto pela dificuldade gratuita, alegria. De onde deriva-se *lusus –us*, jogo, diversão; e também provém *ludicrus, de ludicer –cra, -crum*, divertido, entretenimento, ou *ludicrum –i*, jogo público, espetáculo, dando lugar a *lúdicro* e não-*lúdico*, mesmo que aceito em castelhano.

Segundo Huizinga, *ludus, ludere* abarca o jogo infantil, o recreio, a competição, a representação litúrgica e teatral e os jogos de azar. A expressão *lares ludentes* significa dançar. A base etimológica de *ludere* seguramente se encontra no que não é sério, no simulacro e na trapaça, mais do que no campo do "mover rápido". O próprio autor destaca que o termo que abarca o conceito de jogo e jogar desaparece, não deixando marca nas línguas românicas.

Segundo o dicionário etimológico do latim (Ernout-Meillet), do vocábulo *ludus –i* não há apenas palavras indo-européias conhecidas para essa noção; pode se tratar de um termo criado com a instituição, sem dúvida religiosa, que designava, possivelmente de origem etrusca.

Seguir historicamente a evolução fonética da palavra *jogo* é um trabalho difícil, mas que não impede detectar que todas as línguas românicas ampliaram seus vocábulos *iocus, iocari*, quando utilizados no campo do jogo e de jogar, permanecendo em um nível menos avançado os termos *ludus, ludere*. Em castelhano, *juego* e *jugar*; em catalão, *joc* e *jogar*; em francês, *jeu* e *jouer*; em italiano, *giuoco* e *giocare*; em português, jogo e jogar; em romeno, *joc* e *juca*. Segundo Huizinga, o desaparecimento do termo *ludus* pode ser devido tanto a causas fonéticas quanto semânticas. Ao mesmo tempo, ao se referir aos termos jogo e jogar, manifesta que a abstração do fenômeno jogo teve lugar em algumas culturas de modo secundário, enquanto a própria função de jogar teve caráter primário.

Em alguns idiomas, designa-se o jogo com apenas um vocábulo; em outros, usa-se mais de um termo. Por exemplo, em inglês usa-se *play* para se referir ao jogo como atividade pouco codificada, espontânea e, por vezes, turbulenta, e *game* quando se alude ao seguimento de uma prática lúdica que se caracteriza por regras estritas.

Coromines (1984) assegura que as primeiras documentações da palavra jogo, com relação às origens idiomáticas, aparecem no Mio Cid e em Gonzalo de Berceo. No Dicionário da Real Academia Espanhola de 1837, aparece *juego* (*ludus*), entretenimento, diversão e *jugar* (*ludere*), entreter-se, divertir-se com algum jogo, brincar. No Dicionário da Real Academia Espanhola atual, temos *juego* (*iocus*), ação e efeito de jogar, passatempo e diversão; exercício recreativo submetido a regras, em que se ganha ou perde; ação deflagrada espontaneamente pela mera satisfação que representa; *jugar* (*iocari*), fazer algo com o único propósito de se entreter ou divertir, participar de um jogo.

Os vocábulos *juego* e *jugar* têm muitas acepções e interpretações. A palavra *juego* é empregada com o significado de entretenimento ou diversão e *jugar*, que significa brincar, se divertir, também pode ser utilizada em sentido figurado, como falta de responsabilidade, fazer algo de modo arriscado, como se depreende da expressão "brincar com fogo"; outras vezes, há conotações eróticas, como no alemão *spielen*, que significa brincar, formando com ela a palavra *spielkin*, para se referir aos filhos ilegítimos frutos da brincadeira; como em castelhano, *el juego del amor*; em outras ocasiões, a relação é com a arte, tanto em inglês quanto em francês: *to play the piano, jouer du piano*; também se pode empregar com o sentido de se aproveitar ou zombar de alguém, "brincar com uma pessoa", ou como obra de honestidade, "jogar limpo"; ocupar certa posição, "desempenhar um papel imprescindível"; ser um herói, "jogar-se à vida"; para investidores, "jogar na bolsa"; para descrever um ato fácil ou inocente, "brincadeira de crianças"; ajuste de contas, "pôr em jogo"; azucrinação, "era brincadeirinha"; comportar-se de forma desleal, "jogar"; aventura ou risco, "jogar com a sorte"; drama semilitúrgico, "jogo de Adão"; obras dramáticas e novelas, "jogos de emoções"; lugares para o jogo de bola no México e na Guatemala, "jogo de bola"; juramento do "Jogo de bola", promessa solene feita pelos deputados franceses do Terceiro Estado (23-6-1789); competição poética, "jogos florais".

Houve má familiarização com o termo jogo. Como vimos, foi associado a todo ato de falta de seriedade ou feito de forma leviana; à idéia de luta; também há conotações de tipo erótico, em países germânicos; e, em muitas ocasiões, relaciona-se ao meio artístico e estético.

Como pudemos comprovar, emprega-se o vocábulo tanto no sentido figurado como no direto ou fundamental, o que nos interessa.

Para Petrovski (citado por Elkonin), o significado de "jogo" apresenta algumas diferenças entre povos distintos. Para os gregos antigos, o jogo significava as ações próprias das crianças e expressava principalmente o que entre nós, hoje, se denomina "criancices". Entre os hebreus, a palavra *jogo* era empregada com relação a risadas e brincadeiras. Entre os romanos, *ludus –i* significava alegria. Em sânscrito, *kliada*, jogo, alegria. Entre os germânicos, a antiga palavra *spilan* definia um movimento rápido e suave como o do pêndulo que produzia um grande prazer. Posteriormente, a palavra *juego* (jogo, *play, joc, game, spiel, jeu, gioco, urpa, giuoco, jolas, joko*, etc.) começou a significar em todas as línguas um grande grupo de ações que não requerem trabalho árduo e proporcionam alegria, satisfação, diversão e que ocupam tanto a vida central da criança como o tempo de ócio e recreio do adulto, do jogo mais infantil à mais trágica das encenações no teatro ou à mais divertida comédia circense; ou da mais inocente criança à mais séria aposta na bolsa de valores com a finalidade de ganhar dinheiro.

Segundo diferentes estudiosos do tema, é difícil saber em que momento aparecem e qual o significado dessas locuções e suas conotações, mas o certo é que elas existem e em diferentes idiomas.

SOBRE O CONCEITO DE JOGO

A palavra *jugar* (do latim *iocari*) significa fazer algo com espírito de alegria e com a intenção de se divertir ou de se entreter. A palavra *jogo* provém etimologicamente do vocábulo latino *iocus*, que significa brincadeira, graça, diversão, frivolidade, rapidez, passatempo. Para seu estudo, deve-se considerar também o significado do vocábulo *ludus-i*: o ato de jogar, o prazer da dificuldade gratuita. Esse vocábulo latino dá mais um sentido ao jogo: *ludus-ludere, ludus-us* e *ludicrus* (ou *cer –cra, crum*)". O aspecto lúdico do jogo (do latim de *ludicrus*) é essa atividade secundária relativa ao jogo, que se cultiva unicamente pelo prazer.

É quase impossível compreender os traços de uma pesquisa para o significado etimológico, já que aparece a transposição de significados na história da transnominação. Por outro lado, as crianças adquirem a palavra *jogo* dos adultos. Para Elkonin (1980), a brincadeira não é um conceito científico no sentido estrito.

O ser humano pratica atividades ao longo de sua vida, denominadas lúdicas, que lhe servem de distração, recreação, educação, entretenimento, relaxamento de outras atividades consideradas mais sérias, como, por exemplo, o trabalho. Mas quando se estuda a brincadeira no mundo infantil, observamos tanta seriedade como no trabalho mais responsável do adulto. Há contrastes: seriedade e alegria; divertimento e responsabilidade acompanhada de alegria, prazer, paixão ou amor. A esse respeito, Delgado e Del Campo (1993) nos explicam a brincadeira como necessidade na vida, recordando uma citação de Sófocles: "Quem se esquece de brincar que se afaste do meu caminho, porque, para o homem, é perigoso".

Tal necessidade psicobiológica nasce com a criança e acompanha o ser humano ao longo da vida, mesmo que com diferentes objetivos, até a mais avançada idade, como o binômio seriedade-regozijo. A brincadeira envolve toda a vida da criança, é um meio de aprendizagem espontâneo e exercita hábitos intelectuais, físicos, sociais e/ou morais. Isto também pode seguir vivo no estado adulto, como a outra face do trabalho. A brincadeira nasce espontânea e cresce junto com a criança durante os diferentes estados evolutivos até chegar, como ela e com ela, ao estado adulto e à velhice, superando a idade biológica mesmo que com conteúdo diferente e cumprindo distintos objetivos na vida.

> O sábio sabe que brinca e saboreia jogar, seriamente, qualquer jogo. Assim, pode brincar consigo mesmo. A brincadeira, o humor, o sorriso, a ternura brotam com a compaixão do quebra-cabeças da vida (Delgado e Del Campo, 1993).

Assim, todos os jogos fazem jogo. Traduz-se como espírito, estado emocional do ser humano e se mostra através do ato motor em movimento, em sua energia, traduzindo-se em matéria. O jogo é parte do caráter do ser humano em sua formação, em sua personalidade, na configuração da inteligência, na própria vida. O adulto também aprende, se realiza, se desafoga, necessita de distração, precisa de humor, e nem por isso deixa de ser séria a realização pessoal do humano adulto. O ser humano necessita permanentemente de entusiasmo, da seriedade e da alegria. Tudo isso pode ser proporcionado pelas vivências do jogo: um enriquecimento integral, em suas distintas formas.

O jogo transcorre no mundo da fantasia, uma realidade mais ou menos mágica e, por conseguinte, mais ou menos relacionada com a vida cotidiana.

Brincar, divertir-se e aprender são modos verbais inerentes ao ser humano, indispensáveis na vida de qualquer grupo sociocultural. A simplicidade da ação de jogar é absolutamente universal, plural, heterogênea, flexível e tão ambivalente quanto necessária.

Contudo, sua gratuidade foi classificada como prova de que é pouco importante, complementar, não-séria, improdutiva, muitas vezes associada à perda de tempo, em outras, ao vício ou ao pecado, e sempre visto como algo insignificante.

Apesar dessa observação pessimista, brincar está presente na necessidade de motricidade que enriquece a evolução do feto no ventre e vai acompanhar a vida de cada um de nós até a velhice.

Mesmo que nem sempre se queira reconhecer, é uma constante de nossas vidas, não apenas na etapa infantil, mas na maioria das iniciativas racionais que tomamos diariamente. O jogo é uma constante vital na evolução, no amadurecimento e na aprendizagem do ser humano. Acompanha o crescimento biológico, psicoemocional e espiritual do homem. Cumpre a missão de nutrir, formar e alimentar o crescimento integral da pessoa.

Graças à racionalidade, o verbo jogar, ao se modelar sob parâmetros voluntários ou obrigatórios, ao ser acompanhado de regras ou normas, torna-se *jogo*, realidade lógica, cenário impulsionador de ordem, de tomada de responsabilidade individual ou coletiva, de entretenimento e seriedade nos atos. O jogo não carece de seriedade; além disso, com ele aprendemos a aproveitar, na idade adulta, o ócio, o entretenimento e a alegria. O jogo entre crianças é muito sério. Tente mudar uma regra ou improvisar para ver o que acontece. Por acaso carece de seriedade e concentração o ato de lutar, a luta para obter uma bola e mantê-la, diante de tantos adversários, sem infringir alguma regra?

Jogando com a incerteza do resultado final, mesmo lutando para vencer, torna-se parte dessa realidade intersubjetiva.

O jogo de condição ambivalente (qualitativo, quantitativo, passado, presente, ganhar, perder, certo e incerto) resiste a uma definição categórica. Sua significação é polissêmica, pois implica um amplo leque de significados e sua leitura é múltipla. O conceito de jogo é tão versátil e elástico que escapa a uma localização conceitual definitiva. Nesse sentido, qualquer tentativa, por mais erudita que seja, somente será capaz de captar uma parte da verdade do jogo, não global ou total.

A capacidade lúdica desenvolve-se articulando as estruturas psicológicas globais (cognitivas, afetivas e emocionais) mediante as experiências sociais da criança (Ortega, 1980).

Alguns autores afirmam que toda atividade é jogo desde os primeiros meses da existência humana, excetuando a nutrição ou as emoções observadas, como medo ou raiva. Piaget (1946), contudo, não situa a aparição ou a formação do jogo até o 2º estágio do período sensório-motor (respostas circulares primárias, até o segundo ou terceiro mês). Nesse período, podemos observar que a criança reproduz determinadas condutas somente pelo prazer que isso lhe dá, como seus sons guturais, as brincadeiras com as mãos em seu campo visual, pegar e largar objetos. Assim, a brincadeira é a "assimilação do real ao eu", ou seja, quando a criança pratica repetindo um fato para encaixá-lo e consolidá-lo, fazendo dele uma conduta conhecida.

O jogo se formará a partir de ações que a criança não domina com suficiente destreza, não compreende ou, devido ao amadurecimento de certos órgãos ou funções evolutivas, utilizará e praticará para incorporá-las e dominá-las em seu eu de forma a continuar crescendo plena e harmoniosamente.

Por outro lado, Bajo e Betrán (1998) afirmam que o jogo infantil tende a reproduzir em pequena escala as predileções dos adultos. Acrescentam que, por meio da brincadeira, a criança projeta um relativo distanciamento do mundo dos adultos, atua como se o seu mundo fosse o deles, mas também como se esse mundo criado por ela fosse real.

SOBRE A DEFINIÇÃO DO JOGO

A Real Academia da Língua Espanhola diz do jogo: "ação de jogar, passatempo ou diversão".

Vimos que, independentemente do idioma que falem, todas as crianças usam a palavra *jogo* atribuindo-lhe um significado simples e claro: simplesmente definem-na jogando. "Jogo ou jogar expressa algo claro, fácil, evidente. Nenhum sábio foi capaz de defini-lo, porque essa palavra refere-se a uma condição ou realidade primordial da vida. O jogo é algo vital para o ser humano: o "*homo ludens*" passa quase metade da vida em vigília" (Cagigal, 1981).

Segundo Kollarits (citado por Elkonin, 1980), a definição de "jogo" não é possível, sequer uma delimitação exata na vasta esfera de atividade do homem e dos animais e toda busca dessas definições deve ser classificada de jogo científico.

O antropólogo Bateson (1958) explica a confusão diante da tentativa de definição do jogo por seu caráter paradoxal. E sua complexidade responde à sua especificidade e indefinição. O jogo constitui um desafio, vivendo-se como real e com mais intensidade que o trabalho sério e responsável, algo que é uma ficção.

Poderia se assegurar de que qualquer definição não é mais que uma aproximação parcial do fenômeno lúdico e, às vezes, resultado ou conclusão da teoria que a contempla. A seguir, algumas definições:

- "(...) uma atividade que os seres vivos superiores realizam sem um fim aparentemente utilitário, como meio de eliminar seu excesso de energia" (Spencer, 1855).

- "(...) o jogo é uma atividade estética. O excesso de energia é apenas uma condição para a existência do prazer estético que o jogo proporciona". "Fique claro que o homem somente joga quando é plenamente tal e somente é um homem completo quando joga. O jogo não é uma fuga da vida; constitui parte integrante desta e permite a todos entender melhor e a compreender nossas vidas" (Schiller, 1935).
- "(...) o jogo é uma atividade geradora de prazer que não se realiza com finalidade exterior a ela, mas por si mesma" (Russel, 1980).
- "A atividade lúdica contribui para a paidéia – a educação – e proporciona as forças e as virtudes que permitem fazer a si mesmo na sociedade (...) O jogo prepara para a entrada na vida e o surgimento da personalidade" (Chateâu, 1958).
- "Tanto o animal como o homem jogam com imagens: a imagem é a expressão do caráter que o sujeito projeta sobre a realidade; é essencialmente ficção, combinação espontânea e símbolo" (Buytendijk, 1935).
- "A brincadeira é filha do trabalho. Não há forma de brincadeira que não tenha como modelo alguma ocupação séria que lhe precede no tempo" (Wundt, 1887).
- "(...) o jogo é uma ação livre, executada e sentida como estando fora da vida cotidiana, mas que, apesar de tudo, pode absorver por completo o jogador, sem que haja nela qualquer interesse material, nem se obtenha proveito algum; que se executa dentro de um determinado tempo e de um determinado espaço; que se desenvolve em uma ordem submetida a regras e que dá origem a associações propensas a cercar-se de mistério ou a se disfarçar para se destacar do mundo habitual" (...) "o jogo é uma ação ou atividade voluntária, realizada dentro de certos limites fixados no tempo e no lugar, seguindo uma regra livremente consentida, mas completamente imperiosa, com um fim em si mesma, acompanhada de um sentido de tensão e de desfrute e da consciência de ser diferente da vida cotidiana" (Huizinga, 1938).
- "(...) o jogo é uma forma privilegiada de expressão infantil" (Gulton, 1968).
- "(...) é uma atividade livre que tem seu fim em si mesma" (Stern, 1977).
- "No jogo, pode entrar a exigência e a liberação de quantidades muito mais consideráveis de energia do que as que exigiria uma tarefa obrigatória" (Wallon, 1980).
- "O jogo é a manifestação de uma livre espontaneidade e a expansão de uma atividade em expansão" (Karl Groos, 1901).
- "O jogo situa-se na intersecção do mundo exterior com o mundo interior" (Winnicott, 1979).
- "O que define o jogo é que se joga sem razão e que não deve haver motivo para jogar; fazê-lo já é razão suficiente. Nele está o prazer da ação livre, sem rédeas, com a direção que o jogador quer lhe dar, que se parece com a arte, o impulso criador" (Lin Yutang, 1988).

- "Um passo do fantasma ao símbolo. Jogar é negar e superar o fantasma arcaico" (Freud, 1923).
- "A brincadeira infantil é meio de expressão, instrumento de conhecimento, fator de socialização, reguladora e compensadora da afetividade, um instrumento efetivo de desenvolvimento das estruturas do movimento; em uma palavra, meio essencial de organização, desenvolvimento e afirmação da personalidade" (Zapata, 1988).
- "(...) a função própria do jogo é o jogo mesmo. Este exercita atitudes que são as mesmas que servem para o estudo e para as atividades sérias do adulto. A atividade lúdica caracteriza-se pela improdutividade". (Cillois, 1958).
- "O jogo é a arte ou a técnica que o homem possui para suspender virtualmente sua escravidão dentro da realidade, para fugir, levar-se para o mundo irreal. (...) é um esforço que, não sendo provocado pelo utilitarismo que inspira o esforço imposto por uma circunstância do trabalho, repousa em si mesmo sem esse desassossego, que infiltra no trabalho a necessidade de conseguir um fim a todo custo" (Ortega e Gasset, 1971).
- "O jogo é mais agradável e mais puramente jogo quanto maior é a naturalidade, a ausência de esforço exagerado e habilidade com que se realiza" (Russel, 1967).
- "O jogo é um diálogo experimental com o meio ambiente" (Eibl-Eibesfeldt (1967).
- "O jogo é recreação (...) porque continuamente cria a sociedade em que se realiza" (Stone e Orlick, 1982).
- "Brincar é o que se faz quando se está livre para fazer o que se quer" (Gulich, 1970).
- "O mundo lúdico origina-se nos primeiros jogos de perda e recuperação, encontro e separação" (Aberastury, 1988).
- "O jogo tem duplo significado. De um lado, refere-se a uma forma de se comportar e sentir e, de outro, a uma série de atividades concretas claramente delimitadas" (Martinez Criado, 1988).
- "O jogo é uma atividade que o homem desenvolve, sem dúvida, como fator de equilíbrio psicológico em sua vida, tanto no nível individual, no sentido de equilibrar as situações de preocupação, tristeza e dor, quanto no nível social, para estabelecer um meio de relação otimista e positiva com os outros homens (...) o jogo é algo muito importante em nossa vida: ajuda-nos a dar uma via de realização à nossa imaginação, oferece-nos um meio de relação social, exerce sobre nós um grau de encanto e absorção de que carecem outras atividades da vida cotidiana que é psicologicamente liberador e nos proporciona a oportunidade de comparar nossa capacidade com a dos outros" (Castellote, 1996).

- "O jogo é intrinsecamente essencial para a criatividade (...) Uma pessoa que não sabe brincar está privada, ao mesmo tempo, da alegria de fazer e criar e seguramente está mutilada em sua capacidade de se sentir viva" (Rosemary Gordon, citada por Trigo, 1994).
- "O jogo leva a experimentar uma sensação de fluir que nos transporta a um entorno em que abstraímos a realidade e outras situações cotidianas, para passar a expressar-se como somos, com toda a personalidade, nossas carências e virtudes" (Ciskszentmihalyi, 1997).
- "O jogo é uma atividade multidimensional, que se ajusta sempre às necessidades do ser humano com relação à incerteza, à diversão, ao exercício ou à atividade coletiva" (Lagardera, 1996).
- "O jogo é uma das manifestações mais enriquecedoras do tempo livre, na busca do desenvolvimento, da autonomia e do desfrute da pessoa" (Lavega, 1997).

Do ponto de vista fisiológico, pode-se entender o jogo como atividade que os seres vivos superiores realizam sem um fim aparentemente utilitário e com o objetivo de eliminar o excedente de energia. Como comportamento vital, poderiam existir atividades necessárias e vitais e atividades desinteressadas, dentro das quais o jogo (definição do poeta Schiller modificada pelo filósofo Spencer).

Um conceito de jogo que possa ser aplicado transculturalmente é essencial para a antropologia da motricidade humana e o esporte. Segundo Blanchard e Cheska (1986), "o jogo é um fenômeno não apenas universal dos seres humanos como é comum a outros animais. A maioria das espécies animais executa, de vez em quando, alguma forma de brincadeira, sobretudo durante a infância". Numerosos etólogos estudaram o jogo social dos animais, mas, de fato, são poucas as definições satisfatórias de tais atividades.

Bekoff (citado por Blanchard e Cheska) propõe o seguinte conceito etológico: "O jogo é o comportamento que se observa nas interações sociais que comportam uma diminuição da distância social entre os protagonistas, na ausência de toda pesquisa social ou de comportamentos agonísticos ou passivos/submissos por parte dos membros de uma díade (tríade, etc.), mesmo que tais ações possam ocorrer como atos derivados durante o jogo".

Huizinga (1938) afirma que o desenvolvimento da civilização deve-se a mecanismos lúdicos e também, sobretudo, ao trabalho, com um denominador comum: o desejo de melhorar a qualidade de vida. Começa sua obra dizendo que o jogo é como "uma atividade livre mantida conscientemente fora da vida cotidiana, porque carece de seriedade, mas, ao mesmo tempo, absorve, intensa e profundamente, quem a exerce. Uma atividade desprovida de todo interesse material, que não traz qualquer proveito e que se desenvolve ordenadamente dentro de seus próprios limites de tempo e espaço, de acordo com regras preestabelecidas e que promove a criação de agrupamentos sociais que tendem a atuar secretamente e a se distinguir do resto da sociedade por seus disfarces e por outros meios".

Realmente, Huizinga considera o jogo uma forma de cultura mais do que um componente formal da cultura. Deveria, portanto, ser auto-suficiente e dispor de seu próprio significado e justificativa. O jogo permite que se exteriorizem outras facetas da cultura (ritual, direito, saúde, política, amor, etc.).

O jogo é criança, adolescente, homem, velho, percorre as etapas evolutivas, nasce, viaja, acompanha o ser humano e morre com ele. Nasce, desenvolve-se e morre com o sentimento ou o campo das emoções do ser humano. Há uma necessidade escondida de crescer, amadurecer e ser junto ao jogo espontâneo, como diferentes etapas evolutivas. O jogo não morre com o final da infância ou da adolescência, mas deve crescer e evoluir em suas formas junto ao homem para ajudá-lo em suas diferentes etapas.

Faz-se necessário o jogo em seus diferentes contextos para a busca antropológica da verdadeira natureza do homem. O sociólogo Norbeck (1971) define o jogo da seguinte maneira: "Seu comportamento fundamenta-se em um estímulo ou em uma propensão biologicamente herdados, que se distinguem por uma combinação de traços: é voluntário, até certo ponto descartável, diferenciado temporalmente de outros comportamentos por sua qualidade transcendental ou fictícia".

Puigmire-Stoy (1966) define o jogo como a participação ativa em atividades físicas ou mentais prazerosas para obter satisfação emocional.

Segundo os antropólogos Blancjard e Cheska, "(...)o jogo é uma forma de comportamento que inclui tanto dimensões biológicas como culturais, que se define não por eliminação dos demais comportamentos, mas por uma variedade de traços. É agradável, intencional, singular em seus parâmetros temporais, qualitativamente fictício e deve sua realização à irrealidade".

Comprovamos que, por meio do jogo, o ser humano se introduz na cultura e, como veículo de comunicação, amplia sua capacidade de imaginação e de representação simbólica da realidade. Realmente, poderíamos dizer que, com o jogo, é intensificada a vida cultural do homem, ela se enriquece. O jogo nasce espontâneo, sem outro fim que a necessidade e a alegria de jogar. Por que o ser humano quer modificar isso ao longo de suas diferentes etapas evolutivas? Com elas, o jogo deve evoluir, crescer e acompanhar durante toda a vida o ser humano e a sua cultura.

Pelo jogo se conhece o espírito. Poderia ser a expressão mais pura e simples do comportamento humano integral, expressão da criatividade do homem como resultado das emoções, dos sentidos e do pensamento, plasmada na obra da vida, na obra do jogo. Pensar, querer e fazer: tudo pode ser. O jogo faz cultura, a cultura faz vida: o jogo é vida e a vida, cultura.

O mundo mágico do jogo torna possível todo tipo de realizações, diz Martinez Criado (1998). As atividades realizadas no contexto do jogo são produto da ilusão. No jogo, podemos conseguir tudo o que desejamos.

Corredor (1998) afirma que qualquer atividade acompanhada de alegria e/ou riso consciente também é uma forma de jogo. Em seu desenvolvimento, busca com o homem um significado que cumpra necessidades biológicas, emocionais ou espirituais, além de fazer parte da realização da capacidade cognitiva de observação, recordações, simbolismo e ação.

Trata-se de uma atividade praticada em todas as épocas e culturas, sempre presente na vida do homem. Através dos jogos, experimentamos a realidade das coisas, nos aproximamos da comunicação com o mundo que nos rodeia, conectamos nosso micromundo ao macromundo onde vivemos.

O jogo não é material, é espiritual e se materializa ao ser criado, ao se fazer com sua alegria ou amor, ao se expressar através de emoções. Atrevo-me a afirmar que o jogo nos serve de cordão umbilical ou união com a nossa natureza mais íntima, significa a raiz da vida do ser humano e a própria vida. O ser humano necessita da realidade do jogo para recuperar seu comportamento natural, seu equilíbrio vital.

ORIGEM DO JOGO

O jogo é parte fundamental do desenvolvimento harmônico infantil e de importância tal que o conhecimento dos interesses lúdicos, sua evolução, seu amadurecimento e sua observação sistemática são imprescindíveis para a vida.

O jogo em sua formação não necessita de aprendizagem, surge espontaneamente, é algo instintivo que responde às necessidades da dinâmica infantil. Por que as crianças brincam ou que causas as levam a brincar? A própria criança poderia responder simplesmente *porque sim, porque gosto, para brincar*.

Mas o jogo aparece, atrevo-me a dizer, como resposta possivelmente psicobiológica à vida. Diferentes autores apontam uma série de razões pelas quais se joga:

- Forma de descanso para o organismo e o espírito (Schiller, 1935).
- Forma de se liberar da energia excedente por falta de outras atividades mais sérias em que investi-la (Spencer, 1897).
- Forma de recapitulação de filogênese; reprodução da evolução de atividades de gerações passadas (Hall, 1904).
- Forma de se preparar para a vida adulta. Seria um exercício preparatório das atividades que serão enfrentadas no futuro (assim como os filhotes dos animais) (Gross, 1901).

- Forma catártica para reduzir as tensões, defender-se das frustrações, fugir da realidade ou reproduzir as situações de prazer (Freud, 1920; Klein, 1955; Erikson, 1959; Adeler, 1960).
- Forma de aprender, interceptar e conservar os novos hábitos adquiridos (Piaget, 1946; Secadas, 1977).
- Forma de aprendizagem e crescimento harmônico. Autoformação (Château, 1958; Froëbel, citado por Mune, 1980; Delcroy e Monchamp, 1986).
- Forma de fixação de hábitos adquiridos e de garantir as novas habilidades (Bhuler, 1931; Case, 1989).
- Forma de passar do fantasma ao símbolo: brincar é negar e superar o fantasma arcaico (Freud, 1923).
- Forma de atividade livre, com fim em si mesma (Stern, 1977).
- Forma privilegiada de expressão infantil (Gutton, 1982; Linaza, 1991).
- Forma de atividade lúdica funcional (Buhler, 1924).
- Forma de terapia e liberdade de criar (Winnicott, 1979; Berne, 1996).
- Forma motivante como princípio motor do jogo (Château, 1958).
- Forma de elaboração (Klein, 1955).
- Forma de organização, desenvolvimento e afirmação da personalidade (Zapata, 1986; Aquino, 1988).
- Forma de cenário pedagógico natural (Ortega e cols., 1988).
- Forma de intervenção educativa baseada no conhecimento do desenvolvimento da criança e na busca de metodologia adaptada ao pensamento das crianças e sua forma espontânea de construir conhecimentos (Cañal e Porlán, 1987; García e cols., 1987; García, 1992).
- Forma de construção de conhecimentos sociais e psicológicos da criança (Flavell e Ross, 1981).
- Forma original da risada e do prazer (Delgado, 1991; Csikzentmilhalyi, 1997).
- Forma de atividade voluntária com fim em si mesma, acompanhada de uma sensação de tensão e de júbilo e da consciência de ser diferente da vida real (Huizinga, 1938).
- Forma de improdutividade (Caillois, 1958).
- Forma de evasão da realidade: não se busca um resultado utilitário. O jogo está relacionado com a capacidade criadora do homem e traduz a necessidade da criança de atuar sobre o mundo (Rubinstein, 1946).
- Forma de transformação da realidade segundo as necessidades do eu (Piaget, 1986).
- Forma de prolongamento de traços da espécie posteriores ao amadurecimento humano (Bruner, 1972).

- Forma de atividade que somente cabe definir a partir do próprio organismo imerso nela (Piaget, 1946; Vygotsky, 1982; Csikzentmilhalyi, 1997).
- Forma de assegurar a transmissão de valores promovidos por diferentes culturas (Sutton-Smith, 1966; Robert, 1980).
- Forma ecológica, física e cultural (Pellegrini, 1955; Bronfenbrenner, 1979).
- Forma de incorporação da criança a uma instituição educativa (Linaza, 1991).
- Forma de criatividade (Marin Ibáñez, 1986; Trigo, 1989; Cañeque, 1991).
- Forma de resposta emocional e intelectual às experiências sensoriais (Brierley e Goleman, 1990).

À medida que a criança cresce, seu organismo responde de diferentes formas e utiliza distintas atividades lúdicas, ou seja, a brincadeira evolui com o desenvolvimento integral, intelectual, afetivo e físico da criança e se adapta aos períodos críticos de seu desenvolvimento (aos seus conflitos pessoais e sociais). O jogo cresce com a criança até a idade adulta, permanecendo até a velhice.

CARACTERÍSTICAS DO JOGO

Ao estudá-lo, podemos vislumbrar uma série de características. De acordo com autores como Huizinga, Caillois, Groos, Cagigal, Bandet, Sarazanas, Russel, Piaget, Brunner, Moyles, González, Ortega e Cañeque, entre outros, temos algumas das mais representativas:

- O jogo é uma atividade desinteressada e autotélica.
- O jogo deve ser limpo. A finalidade do jogo deve ser ele mesmo.
- O jogo deve ser espontâneo, impulso inato que não requer especialização nem aprendizagem prévia, mesmo que a prática sucessiva leve a isso.
- O jogo é uma atividade livre. É um acontecer voluntário, ninguém é obrigado a jogar. Joga-se pelo prazer de jogar, não se trata de uma atividade utilitária.
- O jogo é improvisado, deriva-se da palavra *paidia*.
- O jogo é separado. Sempre se localiza em limitações espaciais e imperativos temporais estabelecidos de antemão.
- O jogo é incerto. Sendo uma atividade criativa, espontânea, original, cujo resultado final flutua constantemente, e cativa a todos.

- O jogo é gratuito ou improdutivo. É uma manifestação que tem um fim em si mesma, é desinteressada. Não cria bens nem riqueza ou qualquer elemento novo de espécie alguma e, salvo deslocamento de propriedade no seio do círculo de jogadores, acaba em situação idêntica à do começo. Tal característica é muito importante na brincadeira infantil, por não possibilitar qualquer fracasso.
- O jogo é fictício. É um mundo à parte, é como uma história contada com ações, distante do cotidiano, é uma contínua mensagem simbólica. O jogo possui uma auréola mágica.
- O jogo é um comportamento de caráter simbólico e de desenvolvimento social.
- O jogo é uma forma natural de troca de idéias e experiências.
- O jogo é convencional e regulamentado. Todo jogo coletivo é um acordo social, estabelecido pelos jogadores, que determinam suas regras, ordens e limitações.
- O jogo deve ser prazeroso. Essa talvez seja uma de suas características centrais, mesmo que isoladamente não o defina, pois apresenta características. Prazer do tipo sensorial, físico e prazer moral ou psíquico, superação de algum tipo de obstáculo.
- O jogo permite à criança relacionar-se com a realidade.
- O jogo é uma atitude, é parte da vida. A criança brinca sempre, não importa onde e nem com quem, brinca de diferentes maneiras conforme o meio em que se encontre.

O que se entende como jogo ou brincadeira abarca uma infinidade de ações e atividades. Tudo o que vivemos pode tomar parte na brincadeira. O mundo mágico do jogo torna possível todo tipo de conexões ou interações para atingir diversas realizações. Os atos do jogo são produto da ilusão, da vontade, da alegria, do otimismo. No jogo, podemos conseguir tudo o que desejamos. O benefício dessa prática preenche o desejo de realização e nos proporciona prazer ou satisfação.

O jogo é incompatível com circunstâncias vitais da doença. É, portanto, uma característica da saúde. É realizado em situações de bem-estar e sem perigo à vista. Somente quando a criança conhece o ambiente brinca, porque sente-se confortável, espontânea, desinibida e natural. O jogo tem um efeito estimulante, relaxante, restaurador. Nenhuma criança se cansa de brincar. Responde à necessidade de motricidade, de estar ou ser ativo, se mover, explorar, imitar e à necessidade de enriquecimento por meio do movimento. O mundo real e o mundo criado pelo jogo se movem em um mesmo plano, já que constantemente estão trocando informações, estão intercalados, porque a passagem de um ao outro é constante e contínua. Por isso, mesmo que não seja o único, parece-me, contudo, o mais importante veículo para o desenvolvimento evolutivo e a adaptação ao meio vital.

CONCLUSÕES

Talvez este título não seja o adequado, por isso vou apenas mencionar idéias que podem servir de proposta para encontrar uma definição do tema. Já que a aprendizagem é infinita, deixemos a porta aberta para continuar aprendendo com quem sente o desejo de explorar esse maravilhoso e mágico mundo do jogo:

- O jogo é como uma vela que ilumina o comportamento do ser humano: é o resultado da busca das melhores coisas escondidas no mais íntimo do ser.
- O comportamento lúdico é universal, pertence a todas as pessoas. É um símbolo de humanidade, sem preconceitos, bandeira da paz e laço de união entre os povos.
- O jogo é respeitoso, solidário. Tão-somente procura a recompensa de um gesto ou de um sorriso como conteúdo mínimo de comunicação. Não necessita passaporte nem entende de idioma, bandeira ou moeda, porque não tem fronteiras.
- O jogo não tem fronteiras porque não as conhece e se propaga rapidamente como o fogo, superando montanhas, desertos e bosques; viaja tão puro como a água através de rios e oceanos; voa como as nuvens pelo ar e se hospeda como a terra em todos os povos e países.
- O jogo é como uma bandeira com todas as cores, como uma moeda comum, como um idioma internacional. Faz com que se entendam crianças, adultos e velhos de maneira imediata, sem nenhum outro vínculo de comunicação, porque nasce da bondade humana.
- O jogo reflete em cada momento a forma com que a criança atua, compreende e se relaciona com o mundo.
- O comportamento lúdico nasce com a criança e cresce com o interesse e a curiosidade por explorar o seu corpo e o mundo que a cerca. Essa curiosidade cresce saciando-se de conhecimentos e oportunidades de aprendizagem. Há na criança uma forte necessidade de se expressar e de comunicar-se.
- Com o jogo, coloca-se em conexão o nosso micromundo (pessoa) com o macromundo (sociedade) em que vivemos; nesse sentido, nos preparamos para a vida ensaiando papéis que desenvolveremos posteriormente na sociedade, quando adultos.
- Mediante o jogo, a criança aprende normas de comportamento para crescer e aprender a viver na sociedade de forma integral. O jogo fomenta a capacidade para a elaboração de normas da infância à vida adulta. A criança cresce aprendendo hábitos de convivência necessários para viver em sociedade. O jogo proporciona ao ser humano um interesse pelo conhecimento, uma atitude ativa, positiva e crítica, que lhe permite se integrar de maneira gradual na família, na escola e na vida.

- Os jogos evoluem com a criança e ajudam a formar a estrutura de sua personalidade, desenvolvendo os aspectos motor, intelectual, criativo, emocional, social e cultural.
- O jogo serve-nos de ligação com a natureza. As crianças e os adultos necessitam da realidade do jogo para conservar ou recuperar seu comportamento natural: seu equilíbrio vital.
- O modo natural de aprender é através do jogo, porque as crianças praticam continuamente e de forma simples os comportamentos e as tarefas necessárias para se converterem em adultos.
- Com o jogo, as crianças expressam-se de forma natural, pois escolhem uma solução adequada às suas necessidades e possibilidades, uma solução saudável. Já que o jogo promove habilidades sociais (talentos maravilhosos), ajuda a canalizar, reduzir ou processar condutas agressivas (base para a segurança do indivíduo e do ambiente), aumenta a auto-estima (vive-se em um ambiente harmônico), fomenta as relações sociais frutíferas (aprender as limitações, relacionar-se bem com os outros e fazer amigos), promove a participação e a atividade (com a base da criatividade, colaboração e cooperação: todas as crianças querem brincar), gera valores humanos positivos para a vida e, por fim, melhora a saúde física e emocional.
- Alguns teóricos afirmam que a brincadeira é o trabalho da criança; se poderia afirmar que é uma realidade, instrumento que lhe ajuda a entender a vida e a sua própria vida. Assim, dada sua importância vital (por seu caráter multidisciplinar, pelos valores que origina e pelos efeitos que produz), podemos considerar a brincadeira como um modo mágico de entender o trabalho.
- A magia da brincadeira se converteria, por um lado, em um elemento ideal para reconciliar, na escola, a mente e o coração da criança e, por outro lado, em um modo de expressão com que se atua, explora, comunica, pesquisa, vive-se em meio a um processo de aprendizagem global, participativo e significativo: processo que se amplia ao longo da vida.
- A brincadeira proporciona situações que estimulam o senso de humor como estado de espírito. Uma atitude necessária para encarar a vida diária, que nos ajuda a encará-la com o otimismo necessário para manter um estado emocional estável e que possa nos proporcionar uma sensação de bem-estar.
- Desenvolver a inteligência emocional, fomentar a curiosidade, estimular o senso de humor, bem como o estado de espírito, além de alcançar a felicidade são objetivos prioritários da educação para evitar o fracasso escolar. Nesse caso, a ferramenta-chave para a aprendizagem é o jogo.

2
Evolução do jogo ao longo do ciclo vital

MARÍA TERESA MARTÍNEZ FUENTES

INTRODUÇÃO

Ao escutar a palavra jogo, é fácil lembrar, com mais ou menos nostalgia, dos anos da nossa infância. É uma atividade tão comum no ser humano e tão habitual nas crianças, que se aceita como parte da condição humana e não costuma ser questionada, apesar de ser um aspecto que preenche algumas lacunas. Uma infinidade de perguntas nos vêm à mente quando pensamos detidamente nessa atividade: que sentido tem o jogo no desenvolvimento do ser humano? Por que as crianças querem passar tanto tempo nesse tipo de atividade? O jogo é um contexto no qual a criança aprende algumas das tarefas que terá de desempenhar quando chegar à idade adulta? Qual a razão pela qual se mantém o jogo através das sucessivas gerações? Que fatores condicionam o tipo de atividade que a criança escolhe? Tem o jogo repercussões sobre o desenvolvimento psicológico da criança? As respostas a todos estes questionamentos, mesmo atualmente, não são totalmente claras, mesmo que se tenha feito grandes esforços para responder a cada uma delas.

O jogo é um tema tratado por diferentes pesquisadores há mais de um século (Spencer, 1855; Gross, 1898) e despertou maior interesse científico (Pellegrini e Smith, 1998) nos últimos 30 anos. De todas as formas que se pode adotar, a de jogo simbólico é a que gerou maior número de pesquisas (McCune, 1995).

Ao se revisar a pesquisa sobre o jogo, constatam-se algumas idéias que permanecem constantes, de um pesquisador a outro. Em primeiro lugar, destaca-se que o jogo é uma atividade na qual a criança ocupa a maior parte do seu tempo, ou seja, é para ela o que o trabalho é para o adulto; em segundo, aceita-se que o jogo acompanhe o indivíduo ao longo de sua vida e que ele não seja exclusivo da infância, embora apareça com mais freqüência nesse momento evolutivo; em terceiro, admite-se a existência de uma relação entre a complexidade e o conteúdo da atividade lúdica e o nível de desenvolvimento social, cognitivo e afetivo do indivíduo e, por último, coincidem em destacar a função educativa do jogo.

Neste capítulo, vamos analisar o jogo do ponto de vista psicológico, tratando de responder algumas das questões esboçadas no parágrafo anterior. Para isso, vamos dedicar um primeiro trecho às características que nos facilitarão compreender a diferenciação das condutas e dos comportamentos que entram no jogo, para propor uma definição.

A seguir, e antes de entrarmos no apaixonante mundo dos jogos e das mudanças que acontecem como resultado do desenvolvimento, voltaremos nossa atenção para a apresentação de algumas das perspectivas mais destacadas no estudo das atividades lúdicas.

APROXIMAÇÃO CONCEITUAL AO JOGO

Como complemento do capítulo anterior, diferenciar jogo do que não é jogo poderia ser, à primeira vista, tarefa simples se comparada às atividades profissionais. Em uma primeira aproximação, parece que as atividades lúdicas e as profissionais apenas assemelham-se. Brincadeira e trabalho são dois termos que englobam atividades que geram no indivíduo sentimentos e motivações diferentes. Dessa forma, enquanto a atividade profissional relaciona-se com termos como obrigação, cumprimento, rigidez, esforço (físico e psicológico), e obtenção de objetivos, a brincadeira associa-se a termos como prazer, diversão, entretenimento, voluntarismo, falta de objetivos finais, etc. Contudo, e apesar de a diferença parecer clara, há dificuldades quando se trata de oferecer uma definição precisa desse tipo de comportamento. Ortega (1995) atribui tal dificuldade às múltiplas e variadas condutas reunidas com relação a esse termo (de deslizar repetidamente por um tobogã a jogar cartas com colegas). Nele, estão entrelaçadas todas as dimensões do indivíduo (física/motora, emocional, cognitiva e social).

Tendo em conta tal limitação, vamos enumerar as características mais relevantes do jogo, sem querer estabelecer uma relação exaustiva (Tabela 2.1).

Uma primeira qualidade tem relação com a *ausência de finalidade*, ou seja, para que um comportamento seja jogo deve estar orientado prioritariamente à obtenção e não a outros objetivos. Tratam-se de atividades centradas

TABELA 2.1
Traços característicos do jogo

Características do jogo	Ausência de finalidade
	Brinquedos/objetos não-imprescindíveis
	Motivação intrínseca, voluntariedade
	Diferentes graus de complexidade
	Representação
	Efeito catártico
	Seriedade e prazer
	Não-esgotamento físico e psicológico
	Caráter inato

no processo, no desenvolvimento da ação e da atividade, e nunca no produto ou no resultado da mesma (Secadas, 1978; Martinez Criado, 1998). Desse modo, a criança aproveitará muito construindo uma cabana, independentemente da forma final que esta construção tenha.

Uma segunda característica relaciona-se com o fato de que *os brinquedos são elementos complementares, de apoio*, que condicionam a atividade, mas nunca a determinam (Ortega, 1995). A atividade lúdica não requer o uso de objetos e/ou brinquedos específicos para ser desenvolvida. A tal respeito, Martinez Criado (1998) indica que os brinquedos, em alguns casos, podem interferir na função lúdica do jogo, porque seu nível de complexidade excede a capacidade da criança ou porque não chegue a ela. Segundo esse autor, deve-se proporcionar à criança objetos que tenham um grau de complexidade moderado e que potencializem sua criatividade, sua imaginação. Dar um brinquedo caro e complexo para a criança, sem ensinar-lhe as possibilidades que o objeto oferece, não assegura nem a diversão nem o aproveitamento por parte da criança.

Outra propriedade que diferencia o jogo de qualquer outra atividade é seu caráter voluntário, *relacionado com a motivação intrínseca*. Motivação interna que leva a criança a iniciar diferentes formas de brincadeira, sem a ajuda de familiares e educadores; se impomos a ela alguma atividade, por mais prazerosa que nos pareça, deixará de se interessar, poderá se aborrecer e se livrar dela rapidamente.

Assim, o jogo caracteriza-se por ter *diferentes graus de estruturação*, segundo a complexidade de suas regras. As atividades podem ser estruturalmente simples, como andar de bicicleta, ou mais complexas, como jogar futebol.

Também se manifesta no jogo a *capacidade de representação*, o atuar "como se". Essa qualidade aparece nos diferentes modelos de jogo simbólico e sociodramático na educação das crianças de 3 a 6 anos de idade.

Outra característica do jogo é seu efeito *catártico*, ou seja, através dele a criança pode resolver conflitos pessoais, a brincadeira é uma via de escape das tensões que acontecimentos da vida real geram na criança (Freud, 1981, citado em Beltrán, 1991). Tal idéia procede da abordagem psicanalítica do jogo. Desse ponto de vista, trata-se de um cenário no qual a criança pode organizar e dar seqüência aos acontecimentos que lhe provocam mal-estar, de forma que esses sejam manipuláveis e se tornem mais prazerosos.

As atividades lúdicas são aquelas que, sem dúvida, proporcionam ao indivíduo *prazer* e *diversão*, o que não é incompatível com a *seriedade* com que a criança envolve-se nelas (muitas crianças podem demonstrar chateação com os colegas e até parar com a atividade, caso alguém por ventura atrapalhe a brincadeira).

Martinez Criado (1998) assegura que as crianças mantêm sua atividade lúdica durante intervalos prolongados de tempo, ou ao menos o fazem durante mais tempo que qualquer outra atividade, já que o jogo é praticamente *incompatível* com os estados de *cansaço físico* e *psicológico*.

Podemos acrescentar uma última característica da brincadeira relativa ao *caráter inato* das condutas que o compõem; assim, ela surge da tendência natural que tem qualquer organismo a ser ativo, explorador e imitador (Martinez Criado, 1998).

Conscientes de não ter esgotado o conceito de jogo, esperamos que as características aqui mencionadas sirvam para diferenciar as atividades que poderiam ser incluídas no termo das que não poderiam. Seguidamente, incluiremos um comentário sobre as principais abordagens teóricas geradas pela psicologia para explicar o fenômeno lúdico.

TEORIAS SOBRE O JOGO

As primeiras aproximações ao jogo situam-se historicamente em torno da segunda metade do século XIX e começo do século XX. As explicações mais conhecidas são a teoria do excedente energético e do pré-exercício, a da recapitulação e do relaxamento.

Teoria do excedente energético. Na metade do século XIX, Herbert Spencer (1855) propõe a teoria do excedente energético, segundo a qual o jogo aparece como conseqüência do excesso de energia do indivíduo. Para realizar essa afirmação, apóia-se na idéia de que a infância é uma etapa da vida na qual a criança não precisa realizar qualquer trabalho para sobreviver, pois suas necessidades estão garantidas pelos adultos, e, por isso, ela consome o excedente de energia através do jogo, ocupando, nessa atividade, os grandes espaços de tempo livre.

Teoria do pré-exercício. Um pouco mais tarde, em 1898, Groos propõe uma explicação alternativa conhecida como teoria do pré-exercício, segundo a qual a infância é uma etapa em que a criança prepara-se para se tornar adulta, praticando, através da brincadeira, as diferentes funções que terá de desempenhar futuramente. Para Ortega (1992), a importância dessa teoria é destacar o papel relevante da brincadeira sobre o desenvolvimento do indivíduo.

Teoria da recapitulação. Nesta teoria, proposta por Stanley Hall (1904), a brincadeira é uma característica do comportamento ontogênico relativo à evolução filogenética da espécie. A brincadeira, sob esse ponto de vista, reproduz as formas de vida das raças humanas mais primitivas. Por exemplo, as crianças em idade escolar brincam de fazer cabanas, o que poderia refletir a atividade que membros primitivos da espécie humana realizavam habitualmente ao ter de procurar uma morada para se abrigar.

Teoria do relaxamento. Também chamada de distensão, proposta por Lazarus (citado em Beltrán, 1991), indica que a brincadeira aparece como atividade compensadora do esforço, do cansaço gerado na criança por atividades mais sérias e difíceis. Serve como elemento importante de recuperação da fadiga causada por essas atividades.

Em 1923, Buytendijk afirmou que a brincadeira é uma atividade própria da infância. Para ele, trata-se do resultado de elementos como ambigüidade de movimentos, impulsividade, timidez, curiosidade (Beltran, 1991) e o jogo sempre é jogo com algum objeto ou elemento, e não sozinho. De acordo com Claparède (1932, citado em Ortega, 1992), tal teoria não explica a existência de formas de jogo em outras etapas do ciclo vital como adolescência e idade adulta e restringe o conceito de jogo ao limitá-lo exclusivamente à brincadeira com objetos/brinquedos, excluindo das atividades lúdicas todas aquelas caracterizadas apenas pelo componente físico/motriz (cabra-cega, por exemplo).

A psicanálise também tem seu modo peculiar de entender a brincadeira. Um dos aspectos mais destacados é admitir que se trata de uma expressão dos instintos do ser humano e que, através dela, o indivíduo encontra prazer, já que pode liberar diferentes elementos inconscientes. A psicanálise acredita que o jogo tem destacado valor terapêutico, catártico, de solução de conflitos e preocupações pessoais (Freud, 1920, 1925, 1932).

Posteriormente, Piaget dá uma atribuição mais cognitiva aos jogos e relaciona diretamente a brincadeira com a gênese da inteligência. Em conseqüência, haverá uma brincadeira característica da etapa sensório-motora até chegar ao predominante das operações concretas e formais. O jogo está regulado, do ponto de vista dos mecanismos que conduzem à adaptação, pela *assimilação*, ou seja, através da brincadeira a criança adapta a realidade e os fatos às suas possibilidades e esquemas de conhecimento. A criança repete e reproduz diversas ações considerando as imagens, os símbolos e as ações familiares e conhecidas.

Outro enfoque que abordou o jogo deriva da perspectiva sociocultural desenvolvida por Vygotsky (1933/79, citado em Ortega, 1995). Para esse autor, toda atividade lúdica é formada por regras internas de funcionamento, e o que leva o indivíduo a jogar é a satisfação dos desejos. O jogo mais representativo da atividade lúdica da criança é o simbólico, pelo qual ela aprende a se conhecer como "ser individual" e "ser social".

Estas são as principais contribuições, tratadas muito brevemente, sobre o jogo. Resumidamente, podemos destacar que a brincadeira sofreu diferentes tratamentos em função da perspectiva teórica sobre o qual se apóia, colocando o interesse em aspectos e componentes diferentes do tema.

CLASSIFICAÇÃO DO JOGO

A seguir, apresentamos uma classificação do jogo do ponto de vista evolutivo, considerando que ele foi classificado sob diferentes perspectivas por vários autores (Jacquin, 1958; Chateau, 1973; Cratty, 1974, 1979), entre outros. De maneira concreta, a classificação respeitará os seguintes critérios:

– Estratégias cognitivas a serviço da atividade de jogo.
– Número de participantes e a relação entre eles enquanto jogam.
– Vigor da atividade física.

Apesar dessas três perspectivas, devemos considerar que qualquer tipo de brincadeira tem diferentes dimensões para ser analisada: física/motora, cognitiva e social.

Para fazer uma classificação das estruturas de jogos em função do desenvolvimento cognitivo da criança ou das estratégias cognitivas que essa emprega ao resolver problemas, nos basearemos na contribuição de Jean Piaget, mais especificamente na obra publicada em 1946 conhecida como *A formação do símbolo* na qual expõe, entre outras questões, a natureza do jogar e propõe uma classificação geral. Ele parte da idéia de que o jogo evolui e muda ao longo do desenvolvimento em função da estrutura cognitiva, do modo de pensar concreto de cada estágio evolutivo. Em conseqüência, e atendendo à evolução cognitiva, podem ser detectados quatro tipos de categorias de jogos: *de exercício, de construção, simbólico* e *de regras*. Na Tabela 2.2, estão os jogos predominantes em cada faixa etária. Nos dois primeiros anos, o jogo de exercício atua como uma espécie de atividade em que o bebê ocupa a maior parte do tempo. Entre os 2 e os 6 anos, o jogo ganha destaque simbólico, mesmo que o jogo de exercício não desapareça. Entre os 6 e os 11 anos, jogos de regras prevalece, mesmo que se possa observar na atividade lúdica da criança momentos dedicados ao jogo de exercício, ao simbólico ou ao de construção.

TABELA 2.2
Classificação dos jogos do ponto de vista cognitivo.

Etapa	Tipo de jogo			
Sensório-motora (0-2 anos)	Exercício	Exercício	Exercício*	Exercício
Pré-operatório (2-6/7 anos)	Exercício	Exercício	Simbólico*	Construção
Operações concretas (6/7-11 anos)	Exercício	Simbólico	Regras (simples)*	Construção
Operações formais (11 anos em diante)	Exercício	Simbólico	Regras (complexo)*	Construção

*Jogo predominante

Jogo de exercício ou de ação. Durante os dois primeiros anos de vida e antes que apareça a capacidade de representação e o pensamento simbólico, a criança envolve-se em atividades que se enquadram na categoria de jogo de exercício ou de ação. Entre tais atividades, estão tanto as ações que a criança realiza sobre seu próprio corpo quanto sobre os objetos, caracterizadas por ausência de simbolismo. São ações que carecem de normas internas e se realizam pelo prazer que produz a ação em si mesma, sem que exista outro objetivo diferente do da própria ação. Durante os primeiros nove meses de vida, a criança passa parte de seu tempo explorando prazerosamente seu corpo (olha e leva à boca as mãos, sorri enquanto move espontaneamente mãos e braços), e também o corpo da mãe (tocando, olhando o rosto, o cabelo, os olhos, o nariz). Em torno de nove meses, incorpora em sua atividade de brincadeira diferentes ações com os objetos, arremessa, bate com eles, manuseia, encaixa, procura. Concretamente, a possibilidade de procurar objetos que ficaram ocultos ou escondidos aparece graças à recém-descoberta "permanência do objeto" (conhecimento de que estes existem, mesmo quando desaparecem de nosso campo perceptivo). A partir dessa idade e até os 24 meses, as formas de jogo de exercício tornam-se mais variadas devido à possibilidade de deslocar-se de modo independente no espaço (engatinhando, correndo). A criança pode passar longos períodos se divertindo enquanto vai de uma parte da casa à outra, esconde-se em lugares insuspeitados, balançando-se, andando de lado, na ponta dos pés, etc. A maior parte dessas atividades é produzida solitariamente ou em interação com adultos, que se convertem nessa etapa como os principais companheiros de brincadeiras da criança, propondo atividades em que ela começa a intervir, colaborando adequadamente. Durante os dois primeiros anos, o interesse por outras crianças é praticamente inexistente e se limitam a olhar o brinquedo do amigo e tentar pegá-lo ou a esporádicas tentativas de entrar em contato físico com a outra criança. Delval (1994) indica que tal preferência é, até certo ponto, lógica, já que os adultos são capazes de se adaptar à atividade da criança, consideram os sinais de aborrecimento/desgosto ou prazer que ela emite e, assim, decidem se vale a pena seguir com a atividade ou interrompê-la. Essas adaptações são bastante improváveis de ocorrer entre colegas da mesma idade. O jogo de exercício, apesar de ser o tipo predominante nos primeiros dois anos de vida, não desaparece depois dessa idade; diferentes formas desta atividade são detectadas na vida adulta, como andar de bicicleta, brincar com um lápis, ir a uma festa, etc.

Jogos de construção. Durante esse mesmo período etário, surgem as primeiras manifestações de construção, mesmo que bastante simples. São atividades que consistem na manipulação de objetos com a intenção de criar algo, como construir um castelo de areia, fazer uma torre com blocos. Diferentes autores indicam que esse tipo de atividade mantém-se ao longo do desenvolvimento e que não é específico de nenhuma fase, aparecendo as primeiras manifestações, mesmo que não sejam estritamente casos puros de jogos de construção, no período sensório-motor, porque a criança carece, nessa etapa, de capacidade representativa. Por isso, tal jogo ganha em complexidade nos anos seguintes. Assim, pode oscilar de juntar dois cubos até chegar a formas mais complexas, como a elaboração de um quebra-cabeça com grande quantidade de peças ou a montagem de cidades com diferentes peças, etc.

Jogo simbólico. A partir dos dois anos e como conseqüência da emergente capacidade de representação, surge uma nova forma de atividade, denominada simbólica, representacional ou sociodramática, a qual é dominante no estágio pré-operatório e se constitui na atividade mais freqüente da criança entre os 2 e os 7 anos; nela, predominam os processos de "assimilação" das coisas às atividades do sujeito, ou seja, através do jogo as crianças manifestam comportamentos que tomam parte de seu repertório, "acomodando ou modificando" a realidade conforme seus interesses. Assim, a criança poderia utilizar um pedacinho de madeira como se fosse um barco sem parar para pensar sobre a forma do objeto e suas possibilidades reais. Se tal ocorresse, o processo dominante seria a acomodação ou a modificação das estratégias de pensamento da criança.

A atividade simbólica pode ter caráter individual ou social (dividida com outras crianças), bem como diferentes níveis de complexidade. O jogo simbólico evolui de formas simples, nas quais a criança utiliza os objetos e seu próprio corpo para simular algum aspecto da realidade (estender os braços "como se" fosse um avião, arrastar algo no chão "como se" fosse um automóvel ou cavalgar uma vassoura "como se" fosse um cavalo) até jogos de representação mais complexos em que pode haver interação social (jogos de papéis ou sociodramáticos como "casinhas", "professor e alunos", etc). Isso exige que a criança tenha um certo conhecimento do roteiro, ou seja, tenha uma representação geral da seqüência habitual de ações e acontecimentos em um contexto familiar, assim como das funções de cada participante. Por exemplo, se três crianças brincam de "ir ao supermercado", uma delas pode ser o cliente; a outra, o açougueiro; a terceira, o caixa. Deve-se seguir uma seqüência ordenada nas ações que reproduzem a atividade, porque, mesmo que seja uma brincadeira em que o componente fictício seja o predominante, a criança reproduz fielmente a atividade. Se ela é o cliente, deve entrar no supermercado, adquirir o produto e pagar. À medida que aumenta o conhecimento sobre as diferentes ações a serem incluídas no roteiro, assim como sobre as funções de cada personagem, a brincadeira ganhará em complexidade.

Jogos de regras. A partir dos 7 anos, a criança inicia formas de jogar eminentemente sociais, em que divide a tarefa com outros. Esse tipo de atividade surge porque a criança começa a ter certo conhecimento das normas e regras. Encontramo-nos diante de uma variedade conhecida como jogo de regras. Constitui-se de um conjunto de regras e normas que cada participante deve conhecer, assumir e respeitar se quer realizar a atividade sem demasiadas interferências e obstáculos, como brincar de esconde-esconde, "polícia e ladrão" ou futebol. Todas elas exigem respeito às normas, medianamente complexas, e as crianças as negociam e acatam mutuamente. Como assinala Ortega (1992), os jogos de regras podem apresentar variações quanto ao componente físico ou simbólico. Por exemplo, no esconde-esconde, a atividade física é o componente principal; já em polícia e ladrão, mesmo que haja atividade física, destaca-se um importante componente simbólico (o conhecimento das atividades e as funções de cada um).

Para que a criança seja capaz de se envolver em jogos dessa complexidade normativa, deve superar o egocentrismo característico do pensamento pré-operatório, ou seja, deve ser capaz de se colocar no lugar de outra pessoa.

Quando a criança começa a desenvolver atividades com regras, tem como desafio controlar seus desejos e motivações pessoais, os quais, às vezes, poderiam até mesmo interromper o processo.

Contudo, as primeiras manifestações que adota o jogo de regras são restritas pela consciência da criança sobre regras e normas. Nesse sentido, a complexidade que caracteriza a atividade relaciona-se estreitamente com o conhecimento das regras que tem a criança nos diferentes momentos de seu desenvolvimento cognitivo. Goicoechea (1991) acredita que são quatro etapas. Durante os dois primeiros anos de vida, a criança brinca livremente sem que apareçam regras sociais. Entre os 2 e os 5 anos, recebe as regras do exterior, não coordena suas atividades com as do resto dos participantes, não há ganhadores nem perdedores, todos ganham. Entre 7 e 8 anos, trata de se ajustar às regras e as cumpre fielmente; a partir dos 11, os participantes negociam as regras, antes de iniciar a atividade, e começam a pensar na possibilidade de alterá-las, desde que todos concordem que seja para melhor.

Em conseqüência, as crianças que se iniciam nesse tipo de atividade entendem que as regras são imutáveis e sentem receio quanto a trocá-las ou modificá-las, mesmo que concordem que possíveis mudanças tornariam a brincadeira mais divertida e atraente. Contudo, e à medida que se aproximam dos 11 anos, são progressivamente mais conscientes de que as regras são resultado de acordos feitos pelas pessoas e que podem ser modificadas e variar em função do objetivo. Essa nova forma de entender a norma gera um maior grau de estruturação normativa do jogo, bem como um melhor desenvolvimento. Também gera novas possibilidades de manter uma interação e uma relação adequadas entre seus componentes.

Classificar o jogo do ponto de vista social obriga-nos a mencionar a proposta de Parten, elaborada em 1932. Trata-se de uma classificação que tem plena vigência em nossos dias e analisa o jogo do ponto de vista tanto quantitativo como qualitativo da relação social, considera o número de participantes e a relação entre eles (Tabela 2.3).

Jogo solitário. Nesse tipo de jogo, a criança brinca sozinha e separada das demais e seu interesse se concentra na atividade em si. Nem tenta iniciar atividades junto com outras crianças.

Jogo de espectador ou comportamento observador. A criança ocupa seu tempo de brincadeira em ver como jogam as outras crianças (observar os outros enquanto constroem um castelo de areia). Enquanto a criança está imersa em tal atividade, pode iniciar algum comentário verbal com os que brincam, mas sem jamais mostrar a menor vontade de se integrar ao grupo e participar da atividade.

Jogo paralelo. Nessa modalidade, a diferença com relação à solitária é que a criança divide espaço físico com outras, mas joga de forma independente dos demais. Pode estar realizando a mesma atividade e inclusive dividindo material, mas o desenvolvimento da atividade não depende da interação com o

TABELA 2.3
Classificação do jogo do ponto de vista social

Idade	Tipo de atividade				
0-2 anos	Solitário	De espectador			
2-4 anos	Solitário	De espectador	Paralelo		
4-6 anos	Solitário	De espectador	Paralelo	Associativo	
6 anos ou mais	Solitário	De espectador	Paralelo	Associativo	Cooperativo

outro. Por isso, o que diferencia esta atividade de outras de maior complexidade social é a ausência de influência mútua, apesar da proximidade espacial e física.

Jogo associativo. É o primeiro que pode ser considerado puramente social, porque nele começam a aparecer as primeiras interações entre os componentes do grupo em torno de um objetivo único. A atividade é dividida pelo grupo, de modo que todos participem dela. Contudo, cada um poderia ter reações diferentes e difíceis de antecipar, não há divisão ou distribuição de tarefas, nem há muita organização e estruturação. Por exemplo, o grupo pode decidir brincar de trem e todos podem querer ser o maquinista e ficar na ponta da fila, sem que se detecte o menor movimento da parte de um dos integrantes para alternar papéis e viabilizar a proposta.

Jogo cooperativo. É o mais complexo do ponto de vista social. A criança brinca com outras de modo altamente organizado, dividindo tarefas em função dos objetivos a alcançar. Os esforços de todos os participantes se unem para atingir uma meta. O conhecimento que uma criança de 7 anos começa a ter das regras torna possível o surgimento desse tipo de jogo.

Observadas as peculiaridades dos diferentes tipos de jogo, é fácil imaginar que não aparecem em todas as etapas do ciclo vital. O motivo são as próprias limitações geradas pelo ritmo evolutivo da criança. Concretamente, as formas de jogo mais freqüentes nos dois primeiros anos de vida são a solitária ou a com adultos, sendo pouco freqüentes, para não dizer nulas, as atividades com os iguais (companheiros da mesma idade e desenvolvimento cognitivo). A respeito, Ellis, Rogoff e Cromer (1981) indicaram que as crianças, entre o primeiro e o segundo anos de vida, dedicam 30% do seu tempo para brincar com outras crianças, enquanto que aos 11 anos, dedicam 60%; as interações com os adultos passam de 55%, entre o primeiro e o segundo anos de vida para menos de 10%, aos 11 anos.

A partir dos 2 anos, a criança começa a mostrar maior interesse por seus iguais e diminui a quantidade de brincadeiras com os adultos. Isso porque os iguais são mais atraentes e trazem novidades, suas condutas são facilmente reproduzíveis e seus interesses, similares. Tudo isso leva a se distanciar do adulto e a se aproximar a seus iguais nas brincadeiras. As interações sociais tornam-se mais fluentes por diferentes motivos. Em primeiro lugar, pela melhora na capacidade lingüística. A criança pode se comunicar de forma mais adequada através da linguagem; o que antes conseguia com um gesto ou chorando, agora pode ser obtido mediante um pedido verbal. Começa a superar o egocentrismo e a ser capaz de adotar a perspectiva dos outros, observando-se uma melhora importante no conhecimento de regras e normas.

Com relação ao número de participantes, os primeiros grupos da criança para brincar são muito reduzidos; antes dos 2 anos, atuam em duplas sem mostrar preferência de gênero na escolha dos parceiros; a partir dessa idade, começam a se formar grupos mais amplos e preferem companheiros do mesmo gênero – o que se explica, em parte, em função das brincadeiras que preferem meninos e meninas. Eles dedicam a maior parte do tempo a jogos de caráter motor e elas, a atividades mais sedentárias e tranqüilas.

Segundo Parten (1932), a ordem evolutiva em que aparece cada um dos tipos de jogo é a especificada na Tabela 2.3. Assim, a predominante nos dois primeiros anos é o solitário ou de espectador; entre 3 e 4 anos, o paralelo; e, entre 5 e 6 anos, o associativo e o cooperativo. Contudo, pesquisas posteriores indicaram que nem sempre é assim. Smith (1978) aponta que nem todas as crianças progridem na mesma ordem, de maneira que uma pode passar de atividades solitárias a associativas, sem passar pelos jogos de espectador ou paralelos; da mesma forma, o jogo solitário aparece com certa freqüência, mesmo que não ocupe a maior percentagem do tempo da atividade lúdica da criança em idade pré-escolar.

O que parece ficar claro, ao analisar tal classificação, é a vinculação entre o tipo de jogo e as possibilidades sociais que tem o indivíduo em cada etapa de seu desenvolvimento. Por exemplo, o associativo ou o cooperativo não ocorrem durante a primeira infância, uma vez que se exige do indivíduo um certo grau de conhecimento das normas de que carece a criança em seus primeiros quatro anos de vida.

Existe, ainda, um terceiro modo de classificar as diferentes atividades lúdicas, o qual reside em considerar a dimensão motora das mesmas. Nesse sentido, Pellegrini e Smith (1998) destacam a ausência de interesse pelos componentes motores ou físicos em diferentes trabalhos sobre a brincadeira, que deram maior atenção à brincadeira simbólica ou de representação. Tais pesquisadores propõem uma classificação da brincadeira considerando este componente, pois existe grande quantidade de brincadeiras nas quais a atividade física constitui o jogo em si, como esconde-esconde ou jogos de guerra. Também o jogo de atividade física pode ser solitário ou em grupo, simbólico ou funcional, com regras ou sem.

Pellegrini e Smith (1998) dividem o jogo de atividade física em três categorias, conforme o vigor exigido: *"esterotipias rítmicas, jogo de exercício* e *jogo de pegar"* (Tabela 2.4).

Estereotipias rítmicas. Nesta categoria incluem-se todas as atividades repetitivas em que há movimentos motores globais centrados no corpo da criança, com ausência de objetivo. Entre eles estão os "tapas", balanços e movimentos de braços. Esse tipo de atividade pode ser incluído em jogo funcional, como um subtipo, e alcança sua máxima manifestação por volta dos seis meses de idade. A partir dos 12 meses, esse tipo de atividade se reduz de forma importante (Thelen, 1980). Esse tipo de jogo é comum entre meninos e meninas e não se notam diferenças importantes em função da variável gênero.

TABELA 2.4
Classificação do jogo do ponto de vista físico.

Idade	Tipo de jogo
0-12 meses	Estereotipias rítmicas
12 meses-7 anos	Jogo de exercício
7 anos em diante	Jogo de pegar

Jogo de exercício. Começa a se manifestar aos 12 meses e se define como o conjunto de movimentos locomotores globais que aparece em um contexto lúdico; sua característica mais relevante é o vigor que alcança a atividade física; pode ser social (com iguais ou adultos) ou solitária. Atividades como correr, saltar, escalar, empurrar e arrastar são exemplos desse tipo de jogo. Por volta dos quatro anos, alcança seu ápice e começa a decair quando a criança ingressa na escola.

Jogo de pegar. O terceiro tipo de jogo que Pellegrini e Smith (1998) incluem em sua classificação é o de pegar, que inclui condutas vigorosas como agarrar com força, empurrar, etc. Todos esses comportamentos podem parecer agressivos, mas se diferenciam perfeitamente disso, já que são acompanhados de risadas e expressões faciais de alegria. É eminentemente social, só ocorre com a participação de algumas pessoas. É mais praticado entre os 7 e os 11 anos.

Não apenas a etapa evolutiva marca diferenças com relação aos jogos característicos da mesma, também o gênero é uma variável que pode nos levar a estabelecer diferenças no tipo de atividade. Mesmo que não descrevamos com detalhes tais diferenças, indicamos algumas das mais citadas pelos pesquisadores. Concretamente, há diferenças de gênero no jogo de exercício e no de pegar, muito mais populares entre meninos do que entre meninas (Diprieto, 1981; Humphreys e Smith, 1984; Eaton e Enn, 1986). Dentre as razões apontadas, há hipóteses de cunho biológico e social; a primeira considera que a maior freqüência de jogo físico em meninos deve-se à ação dos hormônios; a segunda refere-se diretamente ao processo de socialização, segundo o qual no começo da interação com os pais os meninos e as meninas se socializam com padrões diferentes, que tendem a reforçar as diferenças de gênero. Quando estão na companhia de seus filhos, os pais orientam e exercem com seus meninos atividades físicas vigorosas (McDonald, 1993), enquanto que, quando estão com as suas filhas, as atividades praticadas são sedentárias, ou seja, há mais brincadeiras simbólicas do que de ação (Ortega, 1992).

O JOGO DEPOIS DA PRIMEIRA INFÂNCIA

Até o momento, e em função das três perspectivas abordadas, tratamos fundamentalmente da etapa do desenvolvimento no qual aparecem os diferentes tipos de jogos de acordo com as possibilidades físicas, cognitivas e sociais do indivíduo do nascimento aos anos escolares. Isso não significa que a brincadeira desapareça quando chegada a adolescência, nem que cada um dos tipos de jogo a que nos referimos seja exclusivo da etapa evolutiva em que aparecem.

Parece que a passagem dos anos nos leva, irremediavelmente, ao abandono das questões lúdicas e à dedicação a tarefas que nós, adultos, damos um aspecto de seriedade, o que as torna mais valiosas. Contudo, na idade adulta ainda há jogo; Martinez Criado (1998) acredita que a maioria das atividades que realizamos ao longo da vida segue um modelo lúdico. Ressalta com essa idéia que mesmo as atividades mais sérias podem ter um começo marcado pela exploração, pela tentativa e pelo erro, pela imaginação de situações, de conseqüências, etc.

Mesmo que pareça certo que o adulto dedica cada vez menos tempo a esse tipo de atividades, elas nunca chegaram a desaparecer definitivamente. As atividades lúdicas que o indivíduo desenvolve podem ser tão complexas como qualquer jogo de regras (jogos de mesa) ou extremamente simples. Na idade adulta, podemos encontrar exemplos de todas as formas de jogo que apresentamos, tanto social quanto solitário, com regras ou ausência de normas, simbólico, funcional, de exercício. Podemos jogar cartas (solitário), assistir a uma partida de futebol (espectador), encenar uma peça de teatro (simbólico), caminhar em um parque com alguém (jogo de exercício e paralelo), passear pela rua ou andar de bicicleta sem pretender chegar a nenhum lugar (jogo de exercício). Todos estes exemplos nos revelam a existência e a persistência do jogo durante o ciclo vital.

CONSEQÜÊNCIAS DO JOGO SOBRE O DESENVOLVIMENTO PSICOLÓGICO DA CRIANÇA

Diversos pesquisadores destacaram, em diferentes momentos, a grande influência do jogo sobre o desenvolvimento da criança. Delval (1994) é um dos muitos autores que evidencia a função educativa do jogo indicando:

> Através do jogo, a criança pode aprender uma grande quantidade de coisas na escola e fora dela, e a brincadeira não deve ser tratada como atividade supérflua (...) A criança deve sentir que na escola está brincando e, através dessa brincadeira, poderá aprender muitas coisas.

Ortega (1995) afirma que "brincar não é estudar nem trabalhar, mas, que brincando, a criança aprende (...)". Isso mostra o interesse educativo que despertou a brincadeira entre os diferentes psicólogos do desenvolvimento que abordaram direta ou indiretamente o tema. Autores como Pellegrini e Smith (1998) destacam esse valor ao descreverem a brincadeira do ponto de vista da atividade física envolvida.

Gostaria de destacar aqui o valor de aprendizagem espontânea que tem a brincadeira, ou seja, considerá-la como instrumento com poder suficiente para provocar a aquisição espontânea de novas habilidades e conhecimentos, conforme propôs Ortega (1995), sem perder de vista o fato de que o tipo de jogo é limitado pelas possibilidades cognitivas, físicas e sociais do indivíduo.

Encaixar peças, por exemplo, favorece a coordenação motora fina, brincar de mamãe e de papai ajuda a criança a ter uma idéia mais precisa do papel de pai e mãe, sobretudo se isso ocorre em interação com outras crianças (de idade e desenvolvimento cognitivo igual ou diferente), devido às sucessivas mudanças comunicativas estabelecidas no grupo representado na atividade. Ortega (1995) indica três áreas que têm ganhos importantes na criança: conhecimento sobre a família e as rotinas cotidianas, conhecimento sobre o meio social em que se desenvolve o microssistema (meios de transporte, serviço sanitário) e conhecimento da cultura.

Brincadeiras como correr, cama elástica, pular corda e futebol favorecem o aperfeiçoamento de habilidades motoras como corridas, saltos, lançamentos e recepções. Com relação aos jogos de atividade física, Pellegrini e Smith (1998) destacam que favorecem a força e a resistência cardiorrespiratória, assim como a habilidade e a "economia" de movimentos. O jogo cooperativo e o de regras constituem o contexto adequado para que a criança aprenda a estabelecer relações de caráter cooperativo e competitivo, ajustar-se aos interesses do grupo e adiar seus desejos, caso não seja o momento apropriado para realizá-los, respeitar os demais, etc. Da mesma forma, brincar de pegar tem conseqüências sobre o desenvolvimento da criança, já que permite medir suas forças e comprovar até quando pode brincar sem machucar os colegas. Com relação a essa brincadeira, comprovou-se que as crianças que não têm oportunidade de praticá-la apresentam dificuldades para interpretar certos sinais gestuais da comunicação não-verbal e empregar adequadamente a força em atividades lúdicas e físicas nas quais seja necessário o contato físico (Fuentes, 1999).

CONCLUSÕES

Foi possível comprovar, nestas últimas páginas, as diferentes formas de jogos que podem aparecer ao longo do ciclo vital e o quanto é difícil propor uma classificação que acolha todas com certo grau de sistematicidade e rigor. A dificuldade reside no fato de que são atividades que podem ser analisadas sob diferentes pontos de vista. A mesma atividade pode ser tratada conforme o número de participantes, a complexidade cognitiva, o vigor da atividade física ou todos elementos ao mesmo tempo. Com a classificação que propomos, compartilhada por outros autores (Ortega, 1992; Delval, 1994; Vasta, Haith e Miller, 1996), esperamos ter contribuído para esclarecer algumas das questões com que iniciamos este capítulo.

Para concluir, gostaria de destacar duas idéias. A primeira tem relação com o fato de que o jogo deve ser considerado um instrumento que impulsiona a aprendizagem, porque ajuda a criança a consolidar habilidades e destrezas. Nesse sentido, desempenha um papel muito positivo sobre o desenvolvimento psicológico. Por isso, devemos fazer com que nossas crianças dediquem a essa atividade o maior tempo possível, abandonando a idéia de que a brincadeira é incompatível com a aprendizagem e destacando que o prazer, a diversão e o entretenimento derivados da atividade lúdica também não são incompatíveis com a aquisição de novos conhecimentos e habilidades.

A segunda relaciona-se com o prolongamento do jogo ao longo das nossas vidas. Ele existe e persiste durante o ciclo vital e não é exclusivo da infância. A manutenção do jogo em etapas posteriores não deve ser erroneamente interpretada como sintoma de imaturidade, já que para poder praticar determinadas atividades lúdicas (jogar xadrez ou futebol) é necessário um elevado grau de maturidade e de desenvolvimento pleno em todas as dimensões que compõem o ser humano.

3
Aprendizagem de valores sociais através do jogo

MELCHOR GUTIÉRREZ SANMARTÍN

INTRODUÇÃO

O campo dos valores sociais e sua relação com a motricidade e a prática esportiva despertam cada vez mais interesse, devido, sobretudo, ao êxito alcançado pelo esporte como fenômeno social e à progressiva deterioração observada em muitas de suas práticas (Gutiérrez, 1995, 1996).

Tal fenômeno torna-se especialmente relevante quando se trata de pessoas que ainda não formaram sua personalidade e se encontram nesse difícil momento de aprender a tomar decisões e incorporar em seu esquema de valores o que é mais e o que é menos importante, o que beneficia o indivíduo e o que é melhor para o grupo, o que pode e deve ser feito na prática esportiva e o que não se deve fazer, pois as regras o proíbem, porque atentam contra a ética esportiva; referimo-nos aos mais jovens, a essas crianças que, cheias de entusiasmo, dedicam-se a uma prática física ou esportiva e procuram imitar aqueles que viram na televisão e pelos quais nutrem uma imagem idealizada, os praticantes do esporte adulto, de espetáculo ou competição (Gutiérrez, 1998).

A influência que exercem esses ídolos esportivos sobre os jovens praticantes é enorme, porém nem sempre positiva. Por isso, abordaremos a possibilidade de orientá-los para a aquisição de um espírito crítico que os ajude na formação de seus esquemas de valores, propondo algumas reflexões e formas de trabalho com relação ao desenvolvimento de valores sociais através da brincadeira, por entender que estes são a essência de uma relação social bem-adaptada e que a brincadeira é um elemento presente em muitos momentos da vida da criança, tanto ao longo da vida cotidiana quanto da acadêmica, tanto no recreio, no pátio da escola, no ginásio de esportes ou no treinamento esportivo quanto no tempo dedicado a se relacionar com os demais, fora da escola.

O JOGO COMO ELEMENTO INTEGRADOR NO DESENVOLVIMENTO DE VALORES SOCIAIS

Orlick (1990) afirma que "jogar é o meio ideal para uma aprendizagem social positiva, pois é natural, ativo e muito motivador para a maior parte das crianças. As brincadeiras envolvem de modo constante as pessoas nos processos de ação, reação, sensação e experimentação. Mas, se alguém deturpa o jogo das crianças, premiando a disputa excessiva, a agressão física, as trapaças e o jogo sujo, estará deturpando a vida das crianças".

Fuentes (1992) assinala que o desenvolvimento social nas crianças é um processo complexo e permanente desde o começo da vida, no qual influem múltiplas variáveis, sendo uma das mais importantes a atividade física realizada de maneira informal do começo ao final da vida. Junto a essa atividade física está a brincadeira, que ocupará bastante tempo na infância a fim de dar lugar ao esporte enquanto expoente máximo da atividade formal organizada, na qual se manifesta o grau de socialização alcançado através de condutas de colaboração e competição.

Resumindo as características do jogo citadas por Garaigordobil (1992), e complementando o que já foi apresentado nos capítulos anteriores, temos as seguintes:

- A brincadeira é uma atividade-fonte de prazer, divertida, que geralmente provoca excitação.
- É uma experiência de liberdade e arbitrariedade, já que a característica psicológica principal é que se produz sobre um fundo psíquico geral caracterizado pela liberdade de escolha. Através das brincadeiras, as crianças saem do presente, da situação concreta, situam-se e experimentam outras situações, outros papéis e personagens, com uma mobilidade e uma liberdade que a realidade da vida cotidiana não lhes permite.
- A ficção é considerada um elemento constitutivo da brincadeira. Pode-se afirmar que brincar é "fazer-de-conta" que a realidade é assim e não "assado", mantendo, ao mesmo tempo, a consciência dessa ficção. Por isso, qualquer atividade pode virar brincadeira (saltar, atirar uma pedra...) e, quanto menor a criança, maior sua tendência a transformar cada atividade em brincadeira; mas o que a caracteriza não é a ativi-

dade em si mesmo, mas a atitude do sujeito frente a essa atividade. A maioria dos autores considera que a aparição da ficção ("o faz-de-conta") é o momento em que começa a verdadeira brincadeira.
- Define-se também a brincadeira como uma atividade que envolve ação e participação, já que brincar é fazer e sempre envolve a participação ativa de quem brinca, mobilizando-se para a ação. A ativação lúdica tem motivações intrínsecas. Por isso, quando há utilitarismo ou se converte em meio para alcançar um fim, perde a atração e o caráter de brincadeira.
- A brincadeira é uma atividade séria, ainda que não possua o mesmo conceito de seriedade dos adultos. Para a criança, trata-se de uma atividade séria, porque "põe em jogo" todos os recursos e capacidades de sua personalidade. A brincadeira a envolve em toda a sua totalidade (nível corporal, intelectual e afetivo).
- A brincadeira é sempre expressão e descobrimento de si mesmo e do mundo.
- A brincadeira é sempre interação e comunicação, pois promove a relação e a comunicação com os "outros", levando a criança a procurar parceiros com freqüência.
- A brincadeira também é imitação e criação. Alguns autores viram na atividade lúdica a fonte das atividades superiores do homem, as quais conduzem ao trabalho, à ciência, à arte, etc.

Jogar ou brincar resulta útil no crescimento da personalidade infantil, porque, em seu contexto, se tomam decisões, abordam-se situações problemáticas e se elaboram estratégias de ação frente a elas. A brincadeira é representação-reconstrução dos de dentro e dos de fora do grupo e obriga os participantes a procurarem soluções em função dos interesses do grupo. Todos têm de entrar em acordo com outras pessoas que experimentam e refletem diversas formas de relação emotiva, percepção e valorização das situações.

Jogar promove a construção de relações e somente pode chegar a ser jogo por essa via, postulado que condensa em si duas idéias de especial relevância. Por um lado, seu papel como instrumento de socialização; por outro, a necessidade de interação social positiva na base da brincadeira, ou seja, a dependência social do jogo para que se desenvolva.

À medida que as crianças crescem, é por meio da brincadeira que se comunicam com os demais e se socializam. Suas brincadeiras deixam de ser individuais pois começam a se socializar com outras crianças, passando, assim, do período egocêntrico dos primeiros anos de vida a uma etapa de socialização (tal período começa por volta dos 6 anos) (Martín, 1990).

A partir dos 2 ou 3 anos, as crianças agrupam-se para realizar atividades lúdicas nas quais se comunicarão abundantemente entre si. Contudo, a brincadeira da criança de três anos ainda é muito egocêntrica, visto que brincam perto umas das outras, mas não umas com as outras. Entre os 4 e os 5 anos, a brincadeira é mais associativa. Dos 5 anos em diante, a brincadeira simbólica individual torna-se progressivamente mais coletiva. Dos 6 aos 7 anos, os papéis sociais estão claramente definidos, representando a vida familiar e o ambiente próximo. Nesse momento, surgem os jogos coletivos e organizados (jogos motrizes com bola) e os sociais, de regras. Com esses primeiros jogos, aparece a regra do grupo e a organização de uma atividade coletiva, produz-se uma orientação espaço-temporal e uma divisão de trabalho. Dos 7 aos 8 anos, são dramatizadas cenas cotidianas e assumem papéis explicitados de antemão e próximos à realidade. É evidente que todas as atividades lúdico-grupais que realizam ao longo da infância com grande prazer estimulam o progressivo desenvolvimento do "eu social". A brincadeira de representação vinculou-se ao desenvolvimento da independência, do coletivismo nas crianças, assim como a assimilação de normas morais e do enriquecimento das noções sobre o mundo social circundante (Garaigordobil, 1992).

A brincadeira requer da criança iniciativa e coordenação de seus atos com os dos demais para assim estabelecer e manter a comunicação. A brincadeira potencializa de forma progressiva a relação com os outros, nela se assimila a linguagem da comunicação e as diversas formas de estabelecê-la. Por meio do jogar, as crianças vivem situações diversas que envolvem sentimentos, atitudes e comportamentos. Nesse contexto, aprendem a cooperar, a participar, a competir, a serem aceitas ou rechaçadas, a constatar a imagem que os outros têm delas, a expressar a imagem que elas fazem dos outros.

A brincadeira facilita a adaptação social, pois faz com que a criança, na representação de outro personagem, reflita sobre a experiência do outro e sobre a situação vivida por ela. Nas atividades simbólicas, a criança assume o papel de outro, adotando sua perspectiva, e esse processo tem grande importância no desenvolvimento da capacidade de cooperação.

Para compreender melhor a forma de atuar ante as situações lúdicas e sua relação com o desenvolvimento de valores sociais, comecemos por repassar os valores e o processo mediante o qual as crianças vão incorporando os valores sociais em seu repertório pessoal.

O QUE SÃO OS VALORES?

Quando nos relacionamos com o meio no qual nos desenvolvemos, as coisas, as pessoas e as situações não nos deixam indiferentes, preferimos umas a outras, a cada uma delas atribuímos um maior ou menor grau de importância. Um valor é algo que se avalia, algo que varia de pessoa para pessoa, trata-se de uma preferência. Um valor engloba três elementos: o que se prefere, uma pessoa que prefere e o contexto em que tem lugar essa escolha ou preferência.

Os valores são adquiridos por meio dos processos de socialização e de transmissão entre os seres humanos.

Milton Rokeach (1973), de maneira mais descritiva, afirma que um valor é "uma crença duradoura na qual um modo específico de conduta ou estado final de existência é pessoal ou socialmente preferível a um modo oposto de conduta ou estado final de existência", do qual se deduz que um sistema de valores é "a organização de crenças relativas a modos preferíveis de conduta ou estados finais de existência ao longo de um contínuo de relativa importância". Segundo tal definição, Rokeach considera que existem dois tipos de valores, os instrumentais e os finais.

Schwartz e Bilsky (1989), apoiados nas teorias de Rokeach, ampliaram sua pesquisa em nível transcultural e destacaram que os valores podem se classificar segundo os interesses a que servem, já que representam os interesses de alguma pessoa ou grupo, podendo servir a interesses individuais, coletivos ou a ambos (mistos).

FATORES QUE INTERFEREM NA SOCIALIZAÇÃO ESPORTIVA INFANTIL

O processo de socialização esportiva torna-se possível porque existem instâncias representativas e indivíduos que valorizam o cumprimento das exigências estruturais e, além disso, dispõem de um poder suficiente para impô-las. Esses indivíduos e instituições são os agentes de socialização, que podem ser pessoais, impessoais, grupais ou institucionais. Na maioria dos estudos dedicados a pesquisar os agentes de socialização esportiva, aparecem como elementos determinantes: a família, a escola, os pares, o treinador, as instituições esportivas, os meios de comunicação, os espectadores e os seguidores.

Tais agentes sociais estão presentes na carreira esportiva das crianças e na interação entre elas, contribuindo cada um à sua maneira e em diferentes graus no processo de socialização. Os treinadores centram seu apoio nos aspectos físicos, técnicos e táticos do esporte; os companheiros de equipe manifestam seu apoio nas orientações baseadas em sua própria experiência esportiva; os pais e amigos oferecem seu apoio nos aspectos sociais que habitualmente cercam aquela atividade esportiva. Os pais possuem inicialmente uma situação econômica que influi no desenvolvimento dos estudantes, incluindo pautas comportamentais, atitudes e valores que serão de grande importância na formação do sujeito, sobretudo em relação à prática esportiva (García, 1993; Escartí e García, 1994).

Parece claro que as decisões das crianças relativas a participarem do esporte e suas expectativas de futuro êxito estão relacionadas com os diversos tipos de recompensas e auxílios que recebem dos pais, professores e treinadores. Assim, a natureza e o conteúdo da informação que os outros significantes proporcionam são aspectos fundamentais que afetam a continuidade ou o abandono da prática esportiva na infância e na adolescência.

A participação no esporte pode ser entendida como o resultado da soma de influências de vários agentes de socialização. Os fatores relacionados com a família, como a atividade física praticada pelos pais, são reforçados por fatores relacionados com a escola (educação física, esporte), com os iguais (compromissos com a atividade esportiva), com as organizações (clubes e associações esportivas), etc. Também alguns fatores psicológicos e físicos podem influir na participação esportiva. A forma física e as habilidades motoras são muito importantes em vários tipos de atividade física, bem como a autoconfiança e uma grande necessidade de sucesso. Em pesquisa desenvolvida por Escartí e García (1993), foi demonstrado que a participação inicial das crianças em esportes organizados ou informais é influenciada por: disponibilidade de oportunidades, apoio de membros da família e de colegas, como modelos a imitar, além da própria percepção de competência.

Praticar um esporte não consiste apenas em se entregar a uma atividade codificada, mas, sim, realizar uma série de ações cheias de significado, cujos componentes são os seguintes (Carratalá, 1997):

- Em primeiro lugar, trata-se de desenvolver uma atividade física regular e de empregar diferentes tipos de habilidades motoras. As características subjetivas da atividade (dificuldade e sensações percebidas) desempenham um papel importante nos comportamentos de aceitação ou rechaço dessas atividades por parte dos praticantes.
- O segundo aspecto concerne mais particularmente aos processos de aquisição e aperfeiçoamento dessas habilidades motoras. As sessões de treinamento podem ser caracterizadas pela qualidade das relações estabelecidas com o treinador ou outros atletas, e isso em relação a uma problemática de progresso e domínio gradual das habilidades.
- O terceiro ponto refere-se à inserção do treinamento e da prática em uma lógica da competição. Sua função consiste em preparar os atletas para enfrentar os adversários em busca da vitória.
- O último aspecto abarca todas as condutas relativas à vida associativa, à busca e à manutenção de interações amistosas e à construção de uma rede de relações sociais.

Devido à reconhecida transcendência da socialização infantil por meio de brincadeiras e jogos, o Conselho da Europa em Matéria de Esporte (1967-1991) manifestou a importância da pedagogia esportiva e a necessidade de formação dos professores em todos os níveis educativos. Tanto professores quanto pais devem considerar, a respeito da prática esportiva das crianças e dos jovens entre 10 e 16 anos, os seguintes princípios:

- Respeitar, em sua unidade, todos os aspectos da pessoa.
- Desenvolver a capacidade de cada um a fim de que o sujeito seja capaz de tomar conta de si mesmo, avaliar suas próprias possibilidades e desenvolver os diferentes aspectos de sua personalidade, respeitando a si e aos outros.
- Considerar as necessidades da criança ou do adolescente, favorecer uma prática esportiva de ócio em um ambiente de diversão, sem abandonar o rigor da aprendizagem.
- Adotar uma pedagogia do êxito que não conduza ao sucesso fácil ou a fracassos de graves conseqüências.
- Propor um amplo leque de atividades individuais e coletivas.
- Permitir que cada um escolha as atividades conforme seus gostos, suas necessidades e seu prazer.

COMO AS CRIANÇAS INCORPORAM OS VALORES SOCIAIS EM SEU ESQUEMA PESSOAL?

Segundo Rokeach (1979), os valores são adquiridos por meio dos processos de socialização e de transmissão entre os seres humanos, de maneira que tudo quanto se faça para uma criança incidirá no processo de formação de sua personalidade.

Tanto na escola como nas práticas relativas ao esporte escolar, os professores e os treinadores devem procurar um equilíbrio entre o desenvolvimento de valores pessoais ou individuais e de valores sociais ou coletivos, e, no caso de a balança se inclinar, que seja a favor dos valores sociais. Um excessivo empenho no desenvolvimento de valores individuais pode ocasionar um incremento no personalismo e na falta de consciência social, na falta de comunicação e na progressiva deterioração do ambiente comunitário.

Sabemos que o valor é uma escolha de preferência que o ser humano realiza em uma escala hierarquizada de objetos e situações. Valorizar algo é preferi-lo em detrimento de outras coisas. Embora a aquisição de valores seja um processo infinito, inerente ao desenvolvimento e à evolução da pessoa, é principalmente ao longo da infância e durante a adolescência que as crianças e os jovens consolidam seu esquema fundamental de valores, quando passam de uma moral heterônoma, segundo a qual são guiados pelas opiniões e normas dos mais velhos (pais, educadores, treinadores) a uma moral autônoma, regida pela opinião própria, processo que, segundo Kohlberg (1969), acontece de forma paralela ao desenvolvimento do juízo moral.

Há etapas gerais que todos atravessam na conformação de seu esquema de valores. Nesse transcurso de tempo e de processos psicossociais, as pessoas mais significativas e próximas da criança desempenham um papel diferente conforme a etapa do desenvolvimento moral em que ela se encontre.

A primeira etapa compreende um processo de *aceitação de valores*, mediante o qual as crianças assumem os valores que os "outros significativos" lhes oferecem, entendendo-os como válidos pelo simples fato de que provêm de uma autoridade legítima. Esse processo constitui a representação mais genuína da moral heterônoma. Em geral, costuma-se atribuir à família a função principal de transmissão de valores aos menores; considerando-se o ritmo da sociedade atual e a escolarização cada vez mais precoce, é preciso refletir sobre o importante papel que podem desempenhar professores e treinadores quanto à incorporação de valores. É o momento no qual se corre o risco de que as crianças tenham de enfrentar conflitos entre o que dizem seus pais e o que transmitem os educadores e colegas. Por isso, é indispensável uma coordenação de interesses e uma coincidência de objetivos a fim de evitar que ela chegue a uma ambigüidade e a uma perigosa contradição.

A etapa seguinte é constituída pela *identificação de valores*, momento no qual as crianças vivem uma transição no desenvolvimento moral através da busca de valores. Já não lhes serve que os mais velhos – pais, professores e treinadores – digam-lhe o que está certo ou errado, pois procuram o valor das coisas em função de sua própria essência, não como valores alheios. Aqui, surgem numerosas dúvidas e se colocam importantes dilemas, processos que levarão a criança a incorporar uma decisão própria e a consolidar os critérios de valores que lhe servirão daí em diante. É o momento no qual as crianças passam muitas horas na escola, em contato com professores e treinadores; portanto, esses profissionais devem formular questões, estabelecer a orientação de metas e a busca de soluções de modo que as crianças cheguem às suas próprias conclusões.

A terceira e última etapa, própria da moral autônoma, reside na *convicção nos valores*, o que provoca na criança a satisfação pessoal culminada na realização do valor. Esse processo coincide com a etapa da adolescência e permite a superação do abalo sofrido na puberdade, surgindo a capacidade de encontro com os próprios pensamentos, sentimentos e desejos; momento no qual os adolescentes prescindem das normas estabelecidas, preocupando-se com os valores que sustentam as regras e normas sociais, configurando o mundo de seu eu ideal.

Em decorrência do elevado espírito de justiça e do desejo de busca da verdade que move os adolescentes, assim como das freqüentes contradições que vivem entre o ideal e a realidade, o professor/treinador pode lhes oferecer um excelente exemplo de coerência e respeito pelas verdades sociais, constituindo-se esse "outro significativo" a quem se pode recorrer diante de um problema. Por isso, não concordamos com a defesa que muitos fazem de que a educação deve ser neutra em valores e que o educador deve se manter à margem. O fato de que os adolescentes devem descobrir os valores por si mesmos não significa o abandono de responsabilidades pelo educador. Além disso, não há por que limitar a liberdade do indivíduo.

Do ponto de vista do desenvolvimento estrutural, Kohlberg (1969) defende que as pessoas possam progredir através de seis etapas na consideração do que, para cada um, é correto ou incorreto, ou seja, em seu desenvolvimento moral. Os estágios descritos por Kohlberg (1976, 1982) podem ser agrupados em três níveis, cada um com dois estágios, que diferem com relação à concepção do que está bem e à perspectiva social. Rest (1983) caracterizou esses três níveis do seguinte modo:

1. *Nível pré-convencional (até os 9 anos)*. Perspectiva egocêntrica, característica do período concreto. Não há compreensão das regras e expectativas convencionais. As normas são heterônomas, ou seja, vêm do mundo exterior. A lei é algo que deve ser obedecido para evitar o castigo. A moralidade é guiada pela obediência, pelo egoísmo instrumental e pelo simples intercâmbio.
2. *Nível convencional (adolescência)*. Identificação com as normas e as expectativas convencionais da sociedade ou da autoridade. O respeito às normas opera-se a partir de acordos compartilhados para o bom funcionamento social e institucional. É a moralidade do acordo interpessoal, do respeito à lei e da responsabilidade para a ordem social.
3. *Nível pós-convencional (adultos)*. Pressupõe pensamento formal. Compreendem-se e aceitam-se as regras, mas essa aceitação baseia-se em princípios morais de caráter geral que sublinham as leis e, por isso, se as regras entram em conflito, se julga mais pelo princípio moral do que pela convenção.

Os conceitos em que se baseia Kohlberg para explicar a mudança moral são a reorganização cognitivo-estrutural que conduz a um sistema mais equilibrado (através das interações do sujeito com seu meio) e a porção de papéis ou a habilidade para considerar o ponto de vista alheio, habilidade que se promove pelo conflito que experimenta o sujeito ao contrapor suas ações e avaliações aos demais.

Considerando que a racionalidade de cada decisão estará em função do desenvolvimento moral alcançado pelo educando, e que o processo de passagem de um estágio ao superior é lento, mas suscetível de aceleração pela intervenção do educador, do professor ou do treinador, esses profissionais podem favorecer tal percurso mediante a apresentação de experiências de aprendizagem estruturada. Para Kohlberg (1982), os debates entre iguais são decisivos para estimular mudanças progressivas no desenvolvimento moral. Segundo seu ponto de vista, as mudanças no desenvolvimento moral são facilitadas pelo desenvolvimento cognitivo e pela interação social.

Esse raciocínio é posteriormente aproximado ao mundo esportivo, primeiro por Haan, Aerts e Cooper (1985) e explicado mais tarde por Weiss (1987), considerando os cinco níveis seguintes:

1. *Controle externo*: Enquanto não me roubarem, está tudo bem. A determinação de uma criança sobre o que é certo ou errado baseia-se no interesse próprio e no resultado de suas ações.
2. *Orientação olho por olho*: Justificativa de que ele também fez para mim ou de que todo mundo faz.
3. *A regra de ouro: Trata os outros como gostaria de ser tratado.* Aqui, o interesse próprio não é o único foco de atenção.
4. *Obediência às regras e normas externas*: O sujeito admite que as normas foram estabelecidas para benefício de todos e, por isso, devem ser cumpridas.
5. *O melhor para todos os envolvidos*: Este último nível centra-se no que é melhor para todos, concorde-se ou não com as normas e regras. Pressupõe maior maturidade no raciocínio moral, buscando elevar ao máximo os interesses do grupo mediante acordos mútuos ou equilíbrios morais.

À medida que uma criança amadurece, progride seu raciocínio moral do nível 1 ao 5; mas, como destacam Weiss e Bredemeier (1991), nem todos alcançam esse nível, e sequer utilizamos o nível máximo de raciocínio moral de que somos capazes.

O PAPEL DOS JOGOS INFORMAIS E DOS ESPORTES INFANTIS ORGANIZADOS NO DESENVOLVIMENTO DE VALORES SOCIAIS

Os jogos informais ocupam o terreno intermediário entre o jogo e o esporte organizado. Mesmo que apresentem mais organização e estrutura que os jogos infantis, permanecem constantes com o impulso do jogo. Devereux (1976) ressaltou a importância dos jogos informais para o desenvolvimento do caráter moral e social das crianças. Segundo esse autor, os programas de esportes juvenis organizados minaram a riqueza cultural dos jogos infantis, desenvolvendo seu argumento a partir de uma análise histórica e transcultural, combinada com uma reflexão nostálgica de sua própria infância.

Suas observações em Israel e no Japão levaram-no a concluir que as crianças, naquelas sociedades, têm um rico repertório de jogos com escassa ou nenhuma supervisão adulta. Suas observações, de caráter mais informal, corroboram com outros estudos mais rigorosos como os de Eifermann (1971), em

Israel, documentando a existência de mais de dois mil jogos infantis, e o de Opie e Opie (1969), referindo-se a mais de 2.500 diferentes jogos praticados espontaneamente pelas crianças inglesas.

Em contraste com essa riqueza cultural em brincadeiras infantis, Devereux (1976) observou que as crianças americanas padeciam de uma grande necessidade de jogos. Em lugar de passar o tempo com brincadeiras infantis, assistem à televisão. Além disso, o autor está convencido de que uma massiva audiência televisiva influiu de forma importante na consideração das grandes ligas americanas e até mesmo das pequenas. Concentrando a atenção de milhões de espectadores dos esportes mais importantes, de equipes heróicas e estrelas individuais, a América converteu-se em uma nação de espectadores.

O problema, como Devereux (1976) define, não é tanto que as crianças sejam atraídas pelo modelo dos esportes profissionais (realmente algumas o são), mas que eles conscientes da importância cultural alcançada pelos esportes de elite e, especialmente, a seriedade com que pais e outros adultos próximos lhe conferem.

A decadência de uma cultura de brincadeiras infantis é preocupante, entre outras razões, pelos benefícios psicológicos que proporcionam, derivados da possibilidade de que as crianças têm de experimentar as infinitas variações do jogo e as interações necessárias ao alcance do êxito. Isso lhes proporciona a oportunidade de adquirir experiência em uma variedade de processos cognitivos e emocionais que, *a posteriori*, necessitarão para se incorporar a uma cultura mais extensa. Desde o princípio do desenvolvimento, os jogos favorecem um entorno de aprendizagem amortecido, pois funcionam em um plano de irrealidade no qual os fracassos não são graves, os perigos não são apavorantes e os riscos jamais têm desenlace fatal.

A maioria das práticas que Devereux (1976) considera proveitosa está ligada com o que Haan (1978, 1985) e Hann e colaboradores (1985) chamam de diálogos morais. Os jogos informais proporcionam ótimas condições para promover o crescimento moral, já que há muitas oportunidades para dialogar e negociar conflitos em um contexto no qual os participantes são interdependentes e necessitam da coordenação de interesses mútuos.

Crossley (1988) sugere de forma similar que os jogos informais proporcionam um contexto ideal para a aprendizagem de valores sociais, porque permitem a criação de direitos e suas correspondentes obrigações mediante a formação de acordos. Infelizmente, a maioria dos benefícios proporcionados pelos jogos infantis é ameaçada pela organização adulta dos esportes juvenis, na qual as regras são fixas e inegociáveis.

O conjunto de jogos infantis é substituído por alguns esportes padronizados. A auto-regulamentação se traduz pela submissão a técnicos, juízes e árbitros. O ambiente alegre é substituído por pressão, diante da atenta observação de pais e treinadores ansiosos. A diversão é minada pela necessidade de progredir e ganhar. A motivação interna vira motivação externa.

Os programas de esporte organizado podem apresentar vários déficits para seus participantes, mas o pior é que muitas crianças abandonaram a cultura do jogo mesmo sem ter possibilidade de participar do modelo dos esportes juvenis organizados.

Em sua pesquisa, Kleiber e Roberts (1983) dizem que a existência de programas de esporte juvenil organizado nem sempre está associada a baixas cotas de participação em jogos informais, tal como Devereux (1976) parece sugerir. De fato, alguns pesquisadores consideram que a participação em programas de esporte organizado pode gerar estímulos e modelos para o envolvimento em jogos informais (Lever, 1976, 1978; Wohl, 1970, 1979).

Tais jogos não são necessariamente o paraíso moral que Devereux (1976) argumentou. Coakley (1990) afirma que as crianças maiores e mais fortes podem submeter os mais jovens e frágeis, e também assegura que os métodos de seleção da equipe podem fazer com que as crianças menores sintam-se rechaçadas e os comentários mais cruéis, certamente, serão dirigidos aos menos habilidosos ou aos que simplesmente não se encaixam às normas do grupo. Os jogos informais e os esportes organizados costumam ser semelhantes ao refletir os preconceitos e as distorções da cultura. Por exemplo, refletem padrões sexistas nos quais, às vezes, as meninas são excluídas, ridicularizadas ou recebem menos atenção (Lever, 1976, 1978). Coakley e Westkott (1984) argumentam que os programas organizados oferecem melhor oportunidade para igualar o compromisso esportivo e isso é especialmente importante para as meninas, porque lhes proporciona um conhecimento dos modelos de jogo que podem transportar para os jogos informais.

Apesar desses comentários, são válidas as idéias de Devereux (1976). Os jogos informais proporcionam um contexto bastante rico para o desenvolvimento sociomoral, e as crianças da América apresentam o mesmo déficit de repertório. Mesmo que a solução não seja simples, nem por isso deixaremos de fazer recomendações para melhorar a situação do ponto de vista da educação e da participação dos educadores no processo. Para tanto, apresentamos algumas propostas:

- Os professores de educação física, os adultos relacionados com a recreação infantil e os programas de esporte juvenil podem proporcionar oportunidades para que as crianças organizem e façam seus próprios jogos, bem como pratiquem os propostos pelos adultos.
- Deve-se reafirmar o valor dos jogos informais e da brincadeira espontânea em seus contatos com pais e responsáveis.
- Pode-se ensinar às crianças os jogos ameaçados de desaparecimento. Muitas brincadeiras maravilhosas que existiram durante gerações transmitidas oralmente pela cultura são agora "espécies" em perigo de extinção. O adulto deve ensinar como brincar e deixar as crianças à vontade.
- Finalmente, esse mesmo adulto pode ajudar a modificar os conceitos esportivos a fim de incorporar algumas das vantagens oferecidas pelos jogos informais.

Como atividade prática, penso que seria interessante alguns jogos informais na aula de educação física ou no treinamento esportivo e a observação de seu desenvolvimento para comprovar se prevalece o pensamento de Devereux ou o de Coakley.

O RACIOCÍNIO NO JOGO E A AQUISIÇÃO DE VALORES NO PROCESSO DE SOCIALIZAÇÃO INFANTIL

Com relação aos valores sociais, Cruz e colaboradores (1996) propõem desenvolver a cooperação e fomentar entre as crianças as estratégias de raciocínio moral nas aulas de educação física, argumentando que estas últimas constituem o único lugar onde todos os alunos, independentemente de seu nível de destreza física, gênero ou condição social, têm possibilidades de se iniciar em diferentes tipos de esportes, utilizando enfoques como os jogos modificados propostos por Devis e Peiró (1992), que tentam maximizar os ganhos e as recompensas para todos os alunos mediante a cooperação dos membros do grupo e desenvolvem estratégias de raciocínio moral sobre situações esportivas, como as propostas por Romance e colaboradores (1986); afirmam que os jogos cooperativos de Orlick (1990) iriam na mesma direção e que essas aproximações ao esporte junto com os jogos informais que propõem Coakley (1990) e Devereux (1976) permitiriam que as crianças não ficassem expostas a apenas um modelo de esporte, o competitivo, o qual copia as características do profissional, segundo García Ferrando (1986).

Vejamos o que diz Devis (1992), para quem os jogos modificados oferecem o contexto adequado para:

- Ampliar a participação de todos os alunos, já que diminuem as exigências técnicas.
- Integrar ambos os sexos nas mesmas atividades, que favorecem a formação de grupos mistos e a participação equitativa.
- Reduzir a competitividade que possa existir nos alunos mediante a intervenção do professor, destinada a ressaltar a natureza e a dinâmica do jogo como se fosse um animador crítico.
- Fazer uso de um material simples, que os próprios alunos possam construir, visto que tais atividades não exigem materiais muito elaborados e caros.
- Permitir que os alunos participem do processo de ensino sob esse enfoque, tendo a capacidade de interferir sobre as regras e até mesmo criar novos jogos modificados.

Estamos convencidos de que a brincadeira pode ser um contexto favorável para o desenvolvimento de valores, desde que devidamente enfocada, para o que seguimos o modelo proposto por Brenda Read, em 1988, denominado o integrado, que oferecia maiores possibilidades de raciocínio e busca de soluções ante os diferentes problemas que as diversas fases do jogo apresentam, estabelecendo um adequado paralelismo entre as tomadas de decisão e o raciocínio cognitivo, com as tomadas de decisão morais e o desenvolvimento do raciocínio moral, sempre que as situações fizessem referência a tais conteúdos.

Por outro lado, e para estudar as vinculações entre as relações de amizade e a conduta de cooperação, Morgan e Sawyer (1978) propuseram uma pesquisa baseada no "dilema do prisioneiro". Nesse jogo, participavam dois sujeitos que estavam presos, supostamente culpados, mesmo que sem provas claras a respeito. É permitido a eles que se comuniquem e que escolham a pena, mediante confissão. Se nenhum confessa (cooperam), ambos são condenados a uma pequena pena (dois anos), mas se um dos dois confessa e o outro, não (um coopera e o outro compete), aquele que não confessa recebe a pena mínima (um ano) e o que coopera, a pena máxima (dez anos); ou seja, o que compete ganha mais do que se os dois cooperam, e o que coopera perde mais do que se os dois competissem. Se ambos não confessam, ou seja, competem, recebem a mesma pena (oito anos). Através do jogo, esse estudo mostrou que as crianças atribuíam menos intenções competitivas aos amigos do que aos conhecidos que não eram amigos.

Muitas outras situações poderiam conter dilemas morais relacionados com diversas situações da vida esportiva ou cotidiana e, nas quais se fizesse necessário tomar uma decisão que implicasse raciocínio moral, com ao menos duas soluções possíveis, e nas quais sempre houvesse algo a perder ou ganhar. O mais importante para tal objetivo é a interação com os iguais e a obrigação de tomar decisões em situações conflitivas em que são considerados os interesses do grupo e não apenas os pessoais.

Nesse sentido, alguns dos efeitos mais importantes da interação entre os iguais podem ser os seguintes: aprender atitudes, valores, competências e informações sobre o mundo que os rodeia; proporcionar as vivências de constatar e poder analisar as diferentes situações do ponto de vista alheio; aprender a dominar os impulsos agressivos, adquirindo um repertório de condutas e mecanismos reguladores dos efeitos da agressividade; manter a relação entre os iguais – indicador válido de saúde psicológica; interagir de forma construtiva entre os iguais, o que permite adquirir habilidades sociais que reduzam o isolamento; elaborar e desenvolver a socialização do papel sexual; produzir um efeito positivo da interação dos pares nos níveis de aspiração educativa e sucesso acadêmico.

Os efeitos de tal sistema de trabalho são inesgotáveis, dependendo dos objetos de dilema que se incluem em cada atividade e do tipo de decisão a ser tomada, processo esse que pode favorecer a integração racial, eliminar a discriminação de gênero, aceitar os demais como são e potencializar a cooperação em detrimento da competição...

4

O jogo no currículo da educação infantil

VIRGINIA VICIANA GARÓFANO
JOSÉ LUIS CONDE CAVEDA

INTRODUÇÃO

Para determinar a importância do jogo no currículo da educação fundamental, é necessário realizar uma análise preliminar partindo de duas perspectivas: por um lado, começaremos justificando a importância da motricidade na etapa de educação fundamental a partir de sua fundamentação psicopedagógica e dos argumentos que expõem autores de prestígio tanto no terreno da psicologia como no da pedagogia (argumentos que giram em torno da necessidade de uma educação baseada no tratamento corporal para essa etapa educativa), que vamos abordar a partir de um conceito metodológico lúdico, no qual a educação física será vista tanto como uma finalidade em si mesma, destinada ao desenvolvimento das habilidades expressivas e motrizes da criança, como um meio para trabalhar os demais conteúdos curriculares dessa etapa.

Nessa mesma ordem, justificaremos a importância do tratamento corporal em tal etapa educativa, conforme o currículo de educação infantil tratado no Decreto Real 1.330/1991, de 6 de setembro no B.º E., 7 de setembro de 1991 (MEC, 1991a), e do Decreto Real 1.333/1991, de 6 de setembro no B.ºE. 9 de setembro de 1991 (MEC, 1991ª), os quais estabelecem os aspectos básicos do mencionado currículo.

Para atingir nosso objetivo – justificar a importância da motricidade no processo de amadurecimento da criança –, em primeiro lugar abordaremos as habilidades motoras que se desenvolvem na etapa de educação fundamental; e, em segundo, se tratará da forma como abordá-las através do jogo, uma vez justificada a importância deste no amadurecimento não só da área motora, como também da intelectual, afetiva, psicossexual e social.

Tal processo nos conduzirá à necessidade de sugerir uma metodologia lúdica não apenas para o desenvolvimento das habilidades motoras e expressivas da criança, mas também para analisar outros conteúdos do currículo, tendo como referência a educação física, meio pelo qual serão globalizados e interdisciplinados esses conteúdos curriculares.

Finalmente, apresentaremos uma aproximação a uma possível classificação do jogo para a etapa de educação fundamental, a partir da qual serão estabelecidas técnicas capazes de desenvolver conteúdos próprios da motricidade (habilidades motoras e expressivas) e dos conteúdos curriculares da etapa de educação fundamental.

FUNDAMENTAÇÃO PSICOPEDAGÓGICA E SOCIAL ACERCA DA IMPORTÂNCIA DA MOTRICIDADE NA ETAPA DE EDUCAÇÃO FUNDAMENTAL

O material a seguir será dividido em duas partes: na primeira, faremos uma suscinta fundamentação na pedagogia, sociologia e psicologia acerca da importância da motricidade na etapa educativa infantil; após, faremos referência a uma série de autores de reconhecido prestígio, em psicologia e pedagogia, os quais, através de estudos, constataram a importância da educação física na primeira infância.

Justificativa, na perspectiva pedagógica, sociológica e psicológica, da importância da motricidade na educação fundamental

Para realizar uma análise produtiva da prática docente na educação fundamental e concreta do ponto de vista defendido, é necessário contar com um referencial teórico relevante para que, desse modo, a prática educativa possa se converter em instrumento de validação das teorias em que se sustenta, podendo traçar pautas de atuação e interpretar os resultados que serão obtidos.

Entre as disciplinas que realizam interpretações conceituais sobre o fenômeno educativo, temos a psicologia, a pedagogia e a sociologia, as quais nos servirão de base para fundamentar a importância da motricidade na etapa da educação fundamental.

De acordo com as teorias inatistas, segundo as quais o germe do desenvolvimento está no homem desde o nascimento e se transmite de pais a filhos pelos gens, bem como as teorias ambientalistas, que sustentam que o ambiente é origem de toda transformação, está a posição construtivista, caracterizada pelo protagonismo dado ao sujeito na aquisição de seus êxitos cognitivos e sociais, partindo da interação genética e ambiental.

Para Gervilla (1995), a aprendizagem é um processo construtivo interno, de reorganização cognitiva, na qual o aluno aprende quando se produz um "conflito cognitivo" que o leva a assimilar as novas aprendizagens; acomoda e reorganiza seus esquemas mentais e se adapta às novas situações.

Nesse sentido, entre as condutas que a criança é capaz de realizar sozinha e as que é incapaz de fazê-las, há outras que pode executar com a ajuda de alguém. Assim, a atividade conjunta do adulto e da criança determinará a verdadeira aprendizagem, pois o que a criança aprender em colaboração com outra pessoa poderá ser capaz de fazer mais adiante de forma independente.

Mas, para que isso aconteça, é necessário que o adulto/educador considere o seu papel de mediador entre o aluno e as novas aprendizagens, devendo preparar um ambiente que favoreça a predisposição ativa da criança para a aprendizagem, proporcionando materiais potencialmente significativos para tanto e adaptando-os aos diferentes níveis de desenvolvimento, interesse e motivação e apresentando-os de forma adequada.

Outro aspecto socializador a considerar, além do que provoca o adulto na criança, é o que produz a figura dos pares. Essas relações com os iguais estarão muito marcadas pelos tipos de relações que a criança previamente tenha estabelecido com os adultos.

A relação com "o igual" dá-se em um momento no qual as figuras de apego começam a lhe conceder maior autonomia, dedicando-lhes menos tempo.

Sintetizando as idéias anteriores, como aponta Riviere (1985), "cada vez parece mais claro que a criança não apenas interatua graças a estruturas cognitivas e afetivas que já possui, mas também que essas estruturas têm sua origem na interação social".

Quanto ao desenvolvimento cognitivo da criança nessas idades, convém ressaltar os três períodos que Piaget e Inhelder (1982) distinguem, para justificar com a psicologia, a importância da educação física no planejamento curricular na educação infantil:

Período sensório-motor (0 a 2 anos). Segundo (Gessel, 1981), "As transformações que ocorrem no primeiro ano de vida excedem bastante as de qualquer outro período, excluída a gestação".

Entre algumas das características que definem o período sensório-motor, segundo Oña (1987), e que vão determinar o tipo de intervenção que realizaremos, destacamos as seguintes: velocidade e profundidade de mudanças em comparação com etapas posteriores; domínio da capacidade motora; manifestação dos atributos do pólo inferior da evolução, os quais serão superados progressivamente ao longo do período, quais sejam: a falta de controle, a amplitude de seus comportamentos e estruturas, a falta de autonomia, o egocentrismo radical e a instabilidade que provoca mudanças rápidas, incontroláveis e dificuldade de atenção.

Assim, podemos concluir que a criança, no período sensório-motor, denota uma inteligência essencialmente prática. A mudança de condutas de puro reflexo para condutas voluntárias não acontece de maneira automática. As respostas do ambiente ou das pessoas próximas à criança incidem de forma determinante nesse processo.

Com isso, queremos ressaltar que, durante tal período, predominam as atividades relativas aos sentidos e ao movimento do próprio corpo. Tais atividades, em primeira instância, serão estimuladas tanto pelo meio como pela própria intervenção do adulto, o qual combaterá a dificuldade de atenção e a dependência da criança com atividades que exijam seu interesse e sejam realmente motivadoras; aquelas em que se sinta querida, protegida, apoiada e estimulada.

Nesse sentido, os programas de intervenção que propomos para esse período respeitam as peculiaridades e características de amadurecimento da criança em seu processo de desenvolvimento, sendo a intervenção do adulto mais determinante durante os primeiros meses de vida, para depois passar progressivamente a propostas em que o bebê seja capaz de resolvê-las por si só.

Período Simbólico-Pré-Conceitual (2 a 4 anos). Aparece nesse período a capacidade representativa, através da utilização do simbolismo. A compreensão da realidade, a intervenção no meio, as relações com os demais e a consciência de si mesmo serão profundamente afetadas por essa capacidade representativa.

Começa também neste período um processo de reconstrução dos esquemas de ação, mas desta vez no plano mental, o que provoca numerosos desequilíbrios e dificuldades.

Resumindo as características principais que definem esse período, destacamos as seguintes:

- *Globalismo.* A conduta do sujeito envolve todas as suas estruturas. O cognitivo ainda não pode se desligar das atividades dos sentidos e movimentos corporais. Essa atuação se reproduz também em uma mesma conduta, razão pela qual se exige a globalização nos conteúdos do currículo básico da educação infantil com protagonismo do movimento.
- *Egocentrismo.* Mais relativo em comparação ao radicalismo do período anterior por sua maior relação com "os iguais", mas apresenta problemas, como a dificuldade para imaginar o ponto de vista do outro, a inadaptação do que diz respeito às necessidades dos que escutam, a criança não sente necessidade de justificar seus raciocínios nem de procurar possíveis contradições em sua lógica.

- *Simbolismo*. Prioriza a brincadeira e a fantasia. É o início do caminho rumo aos conceitos: é, portanto, um período de pré-conceitos, que são esquemas representativos concretos e se baseiam em imagens que evocam os exemplares característicos de uma ordem, não estando esses hierarquizados, nem as ordens, muito especificadas. As peculiaridades antes apontadas manifestam o caráter ainda não-lógico da criança, fazendo com que ela se utilize de um raciocínio transdutivo, ou seja, do particular ao particular e não-indutivo (do particular ao geral) nem dedutivo (do geral ao particular), o que destaca a ausência de reversibilidade e de ordenação lógica.
- *Instabilidade*. Mesmo com um avanço com relação ao período anterior, ainda mantém uma atenção frágil, necessitando de atividade e mudança contínua.

Período Intuitivo-Pré-Operatório (4 a 6 anos). Durante este período, a função simbólica obtém sua máxima expressão. A brincadeira ganha em riqueza de elementos simbólicos, em variedade temática e em participação.

Mediante a coordenação sucessiva das relações representativas, a criança alcança um grau progressivo em sua capacidade de organizar o mundo que a cerca, já podendo se concentrar em duas dimensões sucessivas.

Contudo, deve-se considerar que ainda estamos diante de um pensamento egocêntrico com uma série de limitações, se comparado a um pensamento propriamente lógico.

Entre as características desse período, podemos destacar, mais que as limitações, os êxitos, já que a criança de 4 a 6 anos, ao longo desse período, procura coerência e conexões de causa e de tempo em suas explicações, superando a justaposição, o sincretismo (raciocínio não-dedutivo que passa diretamente de uma premissa a uma conclusão), a centração (processo mediante o qual ela seleciona e atende preferencialmente a um único aspecto da realidade, sendo difícil coordenar diferentes perspectivas) e a irreversibilidade.

À medida que progridem no decorrer desta fase, e cada vez com maior facilidade, as crianças dispõem de um certo nível de competência cognitiva que lhes possibilita compreender, organizar e comunicar a realidade de maneira eficaz. Essa tendência rumo à reversibilidade possibilita à criança aprender a formar categorias com os objetos, classificá-los segundo suas semelhanças e ordená-los conforme suas diferenças, podendo-se considerar êxitos desse período as identidades e as funções; um objeto continua sendo o mesmo ao longo de diversas transformações, produzindo esses avanços graças à capacidade progressiva das crianças de relativizar seu próprio ponto de vista e coordenar diversas perspectivas.

Defesa segundo autores da importância da motricidade na etapa de educação infantil

Citando as mais notáveis contribuições psicopedagógicas que defendem a importância do trabalho corporal nas primeiras fases do desenvolvimento da criança, começaremos no campo da psicologia, por Piaget e Inhelder (1982), os quais consideramos pais da psicologia infantil, e para quem há estreita relação entre a atividade cognitiva e a atividade motora ao longo de todos os períodos evolutivos.

Nas primeiras atividades do bebê, os reflexos (movimentos involuntários) tornam-se voluntários. Na impossibilidade de falar, é pelo movimento que a criança se manifesta, demonstrando a clara identidade entre o mental e o físico. Para Piaget, o início da representação tem um componente fundamentalmente físico, expresso mediante mecanismos de imitação. Essa representação crescente consiste, em grande parte, em uma interiorização progressiva das ações, até então executadas de forma puramente material (sensório-motora). A criança pequena unifica os processos mentais e físicos antes que se produza o processo de representação. Conclui-se assim, que um incremento da atividade física é, também, mental.

A seguir, no período pré-operatório, a imitação acontece em uma atividade que, dentro da educação física, tem lugar de destaque: o jogo simbólico.

Esse jogo, segundo Piaget e Inhelder (1982), aparece aproximadamente ao mesmo tempo que a linguagem, porém independentemente, e desempenha um papel considerável no pensamento das crianças como fonte de representações individuais (cognitivas e afetivas) e de esquematização representativa igualmente individual.

O jogo simbólico tem, portanto, importância fundamental no desenvolvimento cognitivo, porque contribui para os primeiros passos da inteligência a partir das atividades motoras. O conteúdo da brincadeira é uma representação de uma situação vivida pela criança, mas que não está presente, e é precisamente essa distância entre o objeto referente e a atividade referida que indica a capacidade mental da criança.

Durante o período pré-operatório, a contribuição da atividade física ao desenvolvimento da criança orienta-se na direção da aquisição da inteligência prática através de ações separadas de sua concreta execução, dando lugar, graças à contribuição dessas ações, aos primeiros passos das operações mentais.

Para Piaget, a relação entre ação e operação não apenas encontra analogias na lógica do funcionamento como ambas têm a mesma origem: "As operações são ações interiorizadas, cujos impulsos não chegam a constituir movimentos externos" (Flavell, 1984).

Portanto, podemos dizer que o processo de criação do pensamento é gerado em cada uma das fases evolutivas, permitindo ver os processos de pensamento adulto como ações sensório-motoras que foram se sofisticando sucessivamente com um grande protagonismo do movimento.

Wallon (1979, 1980, 1981 e 1984) centra seu estudo no aspecto psicobiológico do crescimento e destaca as estreitas relações entre a atividade física e outras facetas da personalidade, como a afetiva, considerando a motricidade e a afetividade como um todo relacionado. Para esse autor, com a emoção nasce uma atividade que não é a resposta direta do organismo aos estímulos do meio, mas, sim, uma manifestação externa do aparelho psicomotor. Dessas considerações, conclui-se que as emoções se traduzem em contraturas musculares de caráter tônico, tendo como resultado uma postura, um estado, um movimento de que sempre tratou a educação física. Para Wallon (1980), a intervenção no movimento é necessária para que a consciência desperte a sensação e, posteriormente, a intuição do real. Tal intuição é o elemento prévio para avançar a uma fase posterior à inteligência prática: organização de objetos, ações e circunstâncias em que tudo se funde, permitindo uma funcionalidade importante para a atividade educativa.

No campo da pedagogia, e destacando as opiniões dos autores mais representativos que consideraram vital a educação do corporal no processo de formação da personalidade da criança, podemos citar Rousseau, Pestalozzi e Montesori, entre outros.

As contribuições de Rousseau (1985), referentes à importância atribuída à educação do movimento, sugerem a superação da educação até então livresca e intelectual, que não via nesta fase tarefa educativa, uma vez que, não se podia transmitir conhecimento a uma criança que ainda não lia nem escrevia. Essa concepção é superada por um sistema pedagógico que encontra no substrato físico da criança a matéria-prima da educação.

Para Rousseau, o papel da educação do corpo e o movimento na primeira infância têm duas finalidades: educar o movimento e educar a sensação, que é a primeira fase do processo de conhecimento. No caminho do conhecimento, é necessária a sensação e, para que ela enriqueça, deve ligar-se ao movimento, realizando a fusão de ambos através de atividades da criança com fim utilitário e do exercício físico.

O conceito educativo de Rousseau não esquece que o ser humano é integral e, portanto, não apenas a faculdade intelectual deve ser formada a partir desses exercícios sensoriais e de observação; também se considere a influência que têm os exercícios corporais sobre os aspectos da vontade da pessoa.

Pestalozzi (citado por Almenzar et al., 1993), seguidor da obra de Rousseau, não se aprofunda nos aspectos pedagógicos tanto quanto nos de caráter metodológico. Tal autor outorgava grande importância à educação física na educação desde a primeira infância, propondo atividades além do desenvolvimento no meio natural, considerando que somente a prática organizada é capaz de viabilizar o desenvolvimento, defendendo, assim, a sistematização. Tudo isso está exposto em suas numerosas publicações, nas quais defende o tratamento que deve ser dado desde as primeiras aquisições no âmbito físico e nos fazem pensar no atual tratamento dado às habilidades psicomotoras básicas.

A contribuição desse autor é a de estabelecer a premissa de uma educação física bem-conduzida, do que se deduz que, para Pestalozzi, não basta o exercício físico por si só para que se produzam os benefícios pretendidos tanto na moral e vontade como no intelectual e cognitivo; será necessário que os exercícios se submetam a uma ordem, um método predeterminado, para que os resultados não se resumam ao estritamente físico.

A contribuição principal da pedagogia contemporânea de Montessori (citado por Almenzar, 1998) à educação física na primeira infância é seu método precisamente definido. A originalidade de tal método reside na forma de abordar os processos de aprendizagem que podemos reunir na seguinte citação: "O método baseia-se na necessidade que tem a criança de se movimentar dentro de uma liberdade com limites e em seu enfrentamento pessoal com os materiais e as experiências que desenvolvam sua inteligência, assim como suas aptidões psicológicas e físicas" (Orem, 1974).

Os princípios do método, a necessidade de liberdade parcial e a forma de lidar com o material trazem consigo as seguintes conseqüências pedagógicas:

- Da necessidade de liberdade, Montessori afasta-se do modelo convencional, aproximando-se do que chama de "caráter socrático", em que se atua mais através da observação do que da intervenção verbal.
- Da necessidade de lidar com o material, exige-se que a criança enfrente a experiência prática, na qual Montessori centra suas propostas em experiências sensoriais, criando materiais que favoreçam o desenvolvimento sensorial, mas que também servem como veículo para a formação da abstração.
- As experiências sensoriais acontecem estruturadas, ordenadas de maneira racional e lógica no tempo e no espaço e em contínua relação com o objeto. Os órgãos dos sentidos aplicados sobre os objetos estruturados assimilam sua própria estrutura e proporcionam o conhecimento. Essa aplicação é realizada mediante o movimento, também seqüencializado e ordenado através de um programa de experiências que fazem referência basicamente à motricidade fina (utilização da mão), ainda que também trate da motricidade grossa (movimentos amplos) e das coordenações gerais do corpo, de maneira não tão definida e refinada. Não obstante, o mais importante de sua contribuição é a transferência que pode ter o desenvolvimento das habilidades manuais para o resto do corpo.

A IMPORTÂNCIA DA MOTRICIDADE E DO JOGO NO CURRÍCULO DE EDUCAÇÃO INFANTIL SEGUNDO A LOGSE.

Estabelecida a contribuição psicopedagógica dos autores com mais renome e que mais contribuíram para a consideração da importância da educação do movimento desde as primeiras etapas, nos concentremos agora na defesa da importância do corporal na análise do Projeto Curricular Base na Argentina que, para essa etapa, determina a LOGSE (MEC, 1989).

Tal lei estabelece em seu art. 7º que o processo educativo tem por finalidade contribuir para o desenvolvimento *físico*, intelectual, afetivo, social e moral das crianças.

Em seu art. 8º, consta que a educação infantil contribuirá para desenvolver nas crianças as seguintes capacidades:

- Conhecimento de seu corpo e suas possibilidades de ação.
- Relacionamento com os demais através de diferentes formas de expressão e comunicação.
- Observação e exploração de seu entorno natural, familiar e social.
- Aquisição progressiva de uma autonomia na execução de atividades cotidianas.

O desenvolvimento das capacidades já expostas está intimamente relacionado com a importância que pretendemos, justificadamente, outorgar à educação corporal na primeira infância.

Em seu art. 9º, no qual são estabelecidos os conteúdos de ambos os ciclos da educação infantil na Argentina, ficam estabelecidos, para o primeiro ciclo, conteúdos voltados para o desenvolvimento do movimento, controle corporal, primeiras manifestações da comunicação e linguagem, noções elementares da convivência, descobrimento do ambiente ao qual se insere, etc.

Com relação ao segundo ciclo, os conteúdos são orientados à aprendizagem do uso da linguagem, ao descobrimento das características físicas e sociais do meio em que vive, à elaboração de uma imagem positiva e equilibrada de si mesmo, à aquisição de hábitos de comportamento que lhe permitam autonomia pessoal, etc.

Todos esses conteúdos, sugere a lei, devem ser abordados metodologicamente através de atividades organizadas que tenham interesse e significado para a criança; tornando-se essa aprendizagem significativa na medida em que se coloque o aluno em condições de relacionar as novas aprendizagens com os conceitos que já possui e as experiências que tem (Gervilla, 1995). Para essa autora, os princípios psicopedagógicos que se destacam no Projeto Curricular Base da atual reforma são marcados por uma concepção construtivista da aprendizagem.

Segundo o MEC (1989), a intervenção educativa deve ter como objetivo prioritário possibilitar que os alunos realizem aprendizagens significativas por si mesmos. Aprender significativamente pressupõe modificar os esquemas de conhecimento que o aluno possui. Portanto, isso envolve uma intensa atividade por parte do aluno, e essa atividade é ação, movimento.

A aprendizagem significativa é aquela na qual o aluno, a partir do que sabe (preconceitos) e, graças à maneira como o professor apresenta a nova informação (função mediadora), reorganiza seu conhecimento do mundo (esquemas cognitivos), pois encontra novas dimensões, transfere esse conhecimento a outras situações ou realidades, descobre os princípios dos processos que o explicam (significação lógica), o que lhe proporciona uma melhora em sua capacidade de organização compreensiva para outras experiências, idéias, valores e processos de pensamento que vai adquirir, no ambiente escolar ou extra-escolar (Torres et al., 1991).

Portanto, já não chama a atenção a vinculação de todos esses elementos do currículo com a ação, com o movimento. Essa mesma ação ou intensa atividade por parte do aluno é que preconiza a aprendizagem significativa.

Para apoiar essas afirmações, destacaremos aspectos relacionados com os elementos do currículo (objetivos, conteúdos, metodologia e avaliação), os quais ressaltam a importância da ação para a obtenção das aprendizagens na primeira infância.

Quanto aos objetivos do Projeto Escolar na etapa de educação infantil (MEC, 1991b), muitos são orientados a desenvolver a capacidade de descobrir, conhecer e controlar progressivamente o próprio corpo; a atuar de forma cada vez mais autônoma em atividades cotidianas; a estabelecer relações sociais sob um espectro cada vez mais amplo; a estabelecer vínculos com os adultos e outras crianças; a observar e explorar o entorno imediato com curiosidade e cuidado; a representar e evocar aspectos diversos vividos; a enriquecer e diversificar as possibilidades expressivas mediante a utilização de recursos e meios ao alcance, etc. Todos esses objetivos relacionam-se com a intervenção do movimento e sua educação para obter sucesso.

Quanto aos conteúdos, mesmo que divididos em áreas e blocos temáticos, a própria lei adverte que não devem ser concebidos como departamentos estanques, mas contemplados a partir de um critério de globalidade. Por outro lado, uma das três áreas é orientada à comunicação e à representação, e os blocos de conteúdos das áreas restantes estão relacionados com a educação do aspecto corporal.

Em algumas relações, a ação aparece na obtenção do conhecimento. Espinosa e Vidanes (1991) afirmam que: "A atividade física e mental da criança é uma das fontes principais de suas aprendizagens e desenvolvimento. Essa atividade terá um caráter construtivo na medida em que, através do jogo, a ação e a experimentação levarão ao conhecimento de propriedades e relações e à construção dos conhecimentos". Dessa forma, o jogo é considerado um instrumento de aprendizagem não-isolado, que serve como veículo para a aquisição dos conteúdos de cada área, fugindo das formas de transmissão das aprendizagens não-adequadas aos interesses e às motivações das crianças, evitando, assim, a falsa dicotomia entre jogo e trabalho escolar. O jogo e a atividade física serão um instrumento de trabalho a partir do qual serão desenvolvidos os conteúdos do currículo em nível e expectativa adequados.

Por fim, trata-se de uma avaliação de capacidades e não de saberes, na qual se considera todo o processo de aquisição das aprendizagens e não apenas os resultados. Além disso, o movimento e a ação, nessas etapas em que a linguagem ainda não ocupou sua hegemonia absoluta, servirão de ferramenta avaliadora de primeira ordem, sempre que entendamos que não se avaliarão exclusivamente conceitos, mas também capacidades. Assim, a resposta motora da criança servirá para demonstrar se incorporou as aprendizagens recebidas.

O DESENVOLVIMENTO DAS HABILIDADES MOTORAS E O JOGO NA ETAPA DE EDUCAÇÃO INFANTIL

O presente item será subdividido em outros dois. Vamos tratar agora das habilidades motoras a desenvolver na etapa de educação infantil e, em seguida, do papel do jogo nessa etapa educativa.

As habilidades motoras a serem desenvolvidas na etapa de educação infantil

Segundo Conde e Viciana (1997), se analisarmos estudos longitudinais sobre a evolução da motricidade por parte de diversos autores, veremos que todos seguiram pautas muito similares de observação sobre a conduta motora da criança. Essas pautas de observação concentram-se no desenvolvimento de três aspectos:

1. O referente à evolução do *controle corporal*, pelo qual a criança, a partir da sucessiva aquisição de tônus muscular nos diversos segmentos corporais, pode adotar posturas cada vez mais autônomas, o que lhe permitirá reconhecer cada vez melhor seu corpo, tomando progressivamente maior consciência dele.
2. O referente à evolução da *locomoção*, que se consegue quando a criança adquire um tônus muscular adequado que lhe permita realizar determinados ajustes posturais, a partir dos quais comece a se deslocar com autonomia (engatinhando, subindo nos móveis, etc.).
3. O referente à evolução da *manipulação*, o que a distingue de outras espécies animais, permitindo que a conquista do mundo possa ser

obtida de forma muito mais eficiente. Essa capacidade de utilizar as mãos com destreza é o que permitiu ao ser humano dar um salto qualitativo com relação às outras espécies.

Tais aspectos analisados pelos estudiosos da evolução do desenvolvimento da criança constituem a base de que se deve partir se quisermos entender de forma coerente como evolui a motricidade. Por isso, as diversas aquisições motoras que a criança faz têm relação com cada um desses três aspectos.

São numerosas as tentativas de organizar a motricidade do ser humano, o que levou à existência de inúmeras classificações, hoje denominadas "habilidades motoras", em que se tenta enquadrar no tempo o desenvolvimento motor da criança, caindo muitas vezes na complexidade de seu entendimento pela terminologia utilizada em algumas classificações, pelos critérios de cada autor para organizar o movimento de uma ou de outra forma, e como cada um entendeu quando tais aquisições apareciam, sem considerar que o momento de sua aparição depende de outros fatores, que não é unicamente o cronológico, mas também o ambiente, o tipo de estímulos recebidos, etc.

Por tudo isso, as escalas sempre devem ser utilizadas com prudência, servindo mais como uma orientação do desenvolvimento da criança do que como uma lei universal.

A tentativa de classificar essas aquisições (habilidades motoras) que cada autor denomina e ordena de um jeito, conduz à errônea interpretação da motricidade como algo dividido em compartimentos estanques, sem relação entre si. Essa interpretação também nos aponta erros metodológicos, ao nos tornarmos excessivamente analíticos na hora de trabalhar tais habilidades, sem considerar que a motricidade é um todo, e que, por isso, uma vez entendidas as partes, deveremos uni-las outra vez para trabalhá-las. Essa consideração metodológica coincide com o princípio de globalização.

Classificação das diversas aquisições motoras na etapa de educação infantil

A seguir, para enfocar os três grandes aspectos de organização da motricidade (controle e consciência corporal, locomoção e manipulação), que diversos autores enfatizam, tentaremos organizar as diferentes aquisições motoras em função de uma classificação cujo ponto de partida sejam esses aspectos referidos.

Tal classificação é uma contribuição pessoal que visa ajudar a evitar a excessiva divisão que, com outras classificações, possamos interpretar. Tal divisão, em nível formal, também pode dar lugar a uma visão excessivamente compartimentada na hora de distribuir os conteúdos que essas habilidades motoras desenvolvem, aspecto que devemos evitar.

Como podemos observar na Figura 4.1, os primeiros movimentos que o bebê realiza ao nascer são os reflexos, que, por sua importância nas futuras

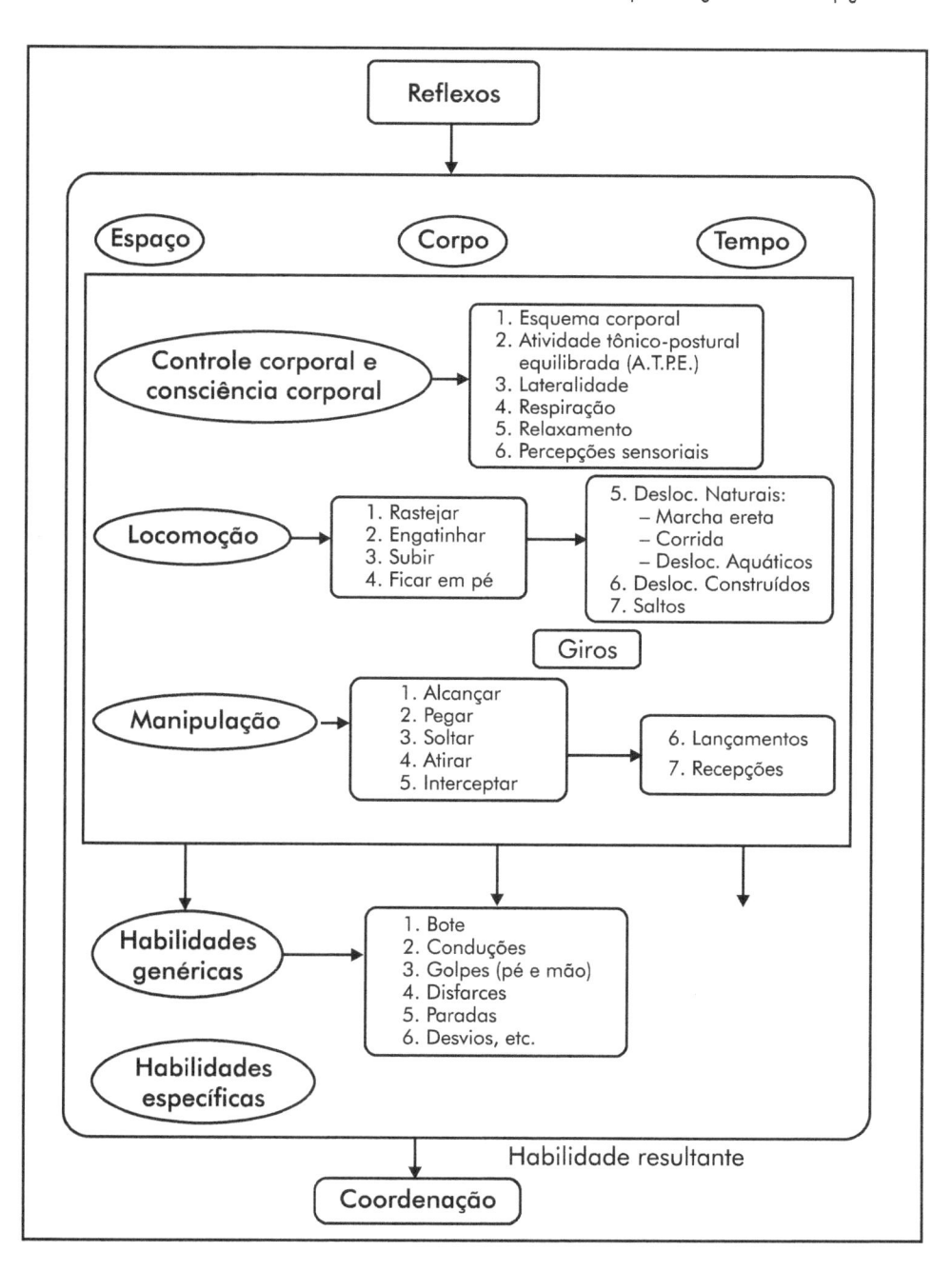

```
                    ┌──────────┐
                    │ Reflexos │
                    └────┬─────┘
                         ↓
  ( Espaço )        ( Corpo )        ( Tempo )

  ( Controle corporal e  )→   1. Esquema corporal
  ( consciência corporal )    2. Atividade tônico-postural
                                 equilibrada (A.T.P.E.)
                              3. Lateralidade
                              4. Respiração
                              5. Relaxamento
                              6. Percepções sensoriais

  ( Locomoção )→  1. Rastejar      →  5. Desloc. Naturais:
                  2. Engatinhar          – Marcha ereta
                  3. Subir               – Corrida
                  4. Ficar em pé         – Desloc. Aquáticos
                                      6. Desloc. Construídos
                                      7. Saltos

                         [ Giros ]

  ( Manipulação )→ 1. Alcançar
                   2. Pegar
                   3. Soltar       →  6. Lançamentos
                   4. Atirar          7. Recepções
                   5. Interceptar

  ( Habilidades  )→ 1. Bote
  ( genéricas    )  2. Conduções
                    3. Golpes (pé e mão)
                    4. Disfarces
                    5. Paradas
                    6. Desvios, etc.

  ( Habilidades  )
  ( específicas  )
                              Habilidade resultante
                    ┌──────────────┐
                    │ Coordenação  │
                    └──────────────┘
```

FIGURA 4.1 Desenvolvimento da motricidade (Conde e Viciana, 1997).

aquisições motoras, veremos depois mais detalhadamente. Esses movimentos se caracterizam por serem involuntários e são a base a partir da qual se constituirá toda a motricidade da criança.

A partir desses reflexos, todas as aquisições motoras têm sua origem nos três aspectos já mencionados. Tentaremos incluir cada uma dessas aquisições que vão se convertendo em habilidades no aspecto ou na categoria correspondente. Dessa forma, cabem no controle e na consciência corporal todas as habilidades referentes ao domínio do corpo e seu melhor conhecimento (ATPE, esquema corporal, lateralidade, respiração, relaxamento e percepções sensoriais). Na segunda categoria (locomoção), partimos dos movimentos elementares locomotores, os primeiros movimentos voluntários (engatinhar, andar apoiando-se nos móveis, ficar em pé) e que derivam de determinados movimentos reflexos. Esses movimentos elementares derivam no que chamaremos de deslocamentos naturais (marcha ereta, corrida e primeiros deslocamentos aquáticos), deslocamentos construídos e saltos.

Na terceira categoria, denominada manipulação, situaremos todas as aquisições que partem do reflexo de compressão ou do reflexo de Grasping e que, assim como a segunda categoria, resulta em movimentos elementares manipulativos (alcançar, pegar ou segurar, soltar, atirar e interceptar). Como na categoria locomoção, esses movimentos elementares manipulativos vão tomando especificidade para evoluir até aquisições mais complexas, classificadas em lançamentos e recepções, habilidades derivadas dos movimentos de atirar e interceptar, mas com maior grau de maturidade.

Entre as habilidades de controle e consciência corporal, locomoção e as de manipulação, situaremos os giros, que possuem componentes dos três parâmetros.

Essas três categorias (controle corporal e consciência corporal, locomoção e manipulação) derivam nas habilidades genéricas (bote, conduções, golpes, etc.), para cujo domínio é necessário um maior grau de maturidade, e em que aparecem integradas na mesma habilidade várias habilidades já mencionadas: o bote é resultante de lançar e receber sucessivamente de maneira coordenada, depois do contato da bola com o solo.

Das habilidades genéricas nascem as habilidades específicas, próprias de cada um dos esportes, sobre as quais não discorreremos por considerar que não devem ser trabalhadas nessa etapa, mesmo que constem de nosso bloco de conceitos, para respeitar as opiniões dos autores que acreditam em uma especialização bastante precoce.

Esse elenco de habilidades, em cada uma de suas categorias, ocorrem sempre em um espaço e em um tempo; tal relação espaço-tempo-habilidade é indivisível, já que toda habilidade realiza-se em um espaço e em um tempo determinado. O conhecimento do espaço (espacialidade) e do tempo (temporalidade) e como as crianças os dominam exercerá influência para que o resto das habilidades sejam mais bem-executadas.

Dada a importância que estamos conferindo ao bom domínio do espaço e do tempo, os trataremos como habilidades à parte, mesmo que presentes em todas as demais. Na habilidade temporal, incluiremos uma derivada, que chamaremos de ritmo, e que, embora ainda não apareça na classificação, deve ser considerada dentro desta categoria.

Por último, situamos uma "habilidade-mãe" chamada de coordenação, que determina o grau de perfeição a que se chegou com o desenvolvimento das habilidades. Assim, podemos dizer que uma pessoa coordenada é aquela que tem um desenvolvimento adequado de todas e de cada uma das habilidades anteriores.

O papel do jogo na educação infantil

Todos os pedagogos concordam que a melhor situação para aprender é aquela em que a atividade é tão agradável e satisfatória para o aprendiz que não pode diferenciá-la do jogo ou a considera atividade integrada: jogo-trabalho (Zapata, 1988).

Das palavras anteriormente referidas, depreende-se a importância que terá o jogo para o desenvolvimento integral da criança, não apenas do ponto de vista motor, mas também da perspectiva intelectual, afetiva, social. Dessa maneira, segundo Marin (1995), o jogo na infância terá um valor psicopedagógico evidente, permitindo um harmonioso crescimento do corpo, da inteligência, da afetividade, da criatividade e da socialização, sendo a fonte mais importante de progresso e aprendizagem.

Apesar das excelências do jogo como instrumento educativo de primeira ordem, na sociedade em que vivemos, na qual brincar e jogar se opõem ao trabalho, esse instrumento acaba sendo deixado de lado pelo educador, ao considerá-lo útil apenas para o descanso do trabalho. Tal atitude fortalece a pouca aceitação e o reduzido reconhecimento do valor da brincadeira pela rigidez das aprendizagens escolares que outorgam pouco tempo ao jogar na escola. Igualmente, na maioria das famílias, jogos e brincadeiras são vistos como perda de tempo, passatempo, distração, limitando-se a sua utilização, manifestando-se quase exclusivamente em situações isoladas nas quais a criança brinca sozinha ou com algum brinquedo, sem a participação familiar (tão necessária), já que os pais chegam em casa muito cansados do trabalho para "perder tempo" jogando com a criança.

Essa opinião contradiz as primeiras reflexões em que concluímos que, para aprender melhor, o processo deve ser o mais divertido possível, motivador, sem por isso perder seu rigor educativo.

A vida infantil não pode ser concebida sem jogar e brincar. Trata-se da principal atividade da infância, que responde à necessidade da criança de tornar seu o mundo que a cerca. Antes dos 6 anos, segundo Garaigordobil (1990), a criança já brincou em média 17 mil horas, e essa atividade é um dos principais e mais efetivos motores de seu desenvolvimento. Podemos indagar: "Se a criança brinca tantas horas por dia sem aparente cansaço, por que não educá-la aproveitando o jogo não como fim em sim mesmo, mas como meio para a construção de suas aprendizagens?" Nesse sentido, acreditamos que as dificuldades nas aprendizagens escolares têm sua origem na metodologia utilizada pelo educador, sempre tão distante do que motiva o aluno. Assim, devem se concentrar os esforços no sentido de que a criança divirta-se aprendendo e seja feliz com o que aprende, podendo aplicar toda essa bagagem em seu cotidiano.

Para não nos excedermos em explicações sobre a importância do jogar e do brincar como veículos para construção das aprendizagens na etapa de educação infantil, objetivo que acreditamos ter sido bastante explorado nos capítulos anteriores, resumiremos algumas idéias quanto ao conceito de jogo, características que o tornam atividade indispensável para o desenvolvimento da criança, e as contribuições do jogo ao desenvolvimento motor, intelectual, afetivo-psicossexual e social da criança.

Conceito de jogo

Quando queremos abordar o termo jogo, encontramos numerosas dificuldades, como: quantidade de atividades e comportamentos agrupados sob o termo "jogo" (brincar, iludir, frivolidade, diversão, alegria, abandono, recreio, imitação, simulacro, distração, etc.); a dificuldade em diferenciar o ócio construtivo, a atividade lúdica, a brincadeira como recurso didático e a brincadeira "por si", a separação brincadeira-trabalho, etc. Assim, como disse um sábio, a brincadeira "brinca conosco", pois, ao querer delimitá-la, escapa-se, no sentido de querer encontrar-lhe um sentido.

Tudo isso faz com que exista uma infinidade de definições e tentativas de conceitualizar a natureza do jogo, que às vezes podem nos afastar do objetivo, de superar a dicotomia jogo-trabalho, integrando ambas as realidades em uma síntese: "atividade ou trabalho lúdico".

Entre as numerosas definições, a que nos parece mais simples e esclarecedora: segundo Gutton (1982), "trata-se de uma forma privilegiada de expressão infantil".

Em nossa opinião, é um meio de expressão e comunicação de primeira ordem, de desenvolvimento motor, cognitivo, afetivo, sexual e socializador por excelência. É básico para o desenvolvimento da personalidade da criança em todas as suas facetas. Pode ter fim em si mesmo, bem como ser meio para a aquisição das aprendizagens. Pode acontecer de forma espontânea e voluntária ou organizada, sempre que respeitado o princípio da motivação.

Características que fazem do jogo uma atividade indispensável para o desenvolvimento da criança

Se nos perguntamos por que a criança brinca, as respostas nos levam a estabelecer as características que fazem desse fenômeno uma atividade indispensável para o desenvolvimento da criança em todas as suas vertentes. Portanto, poderíamos responder:

- Para liberar energia.
- Para se integrar ao meio.
- Para se preparar para a vida adulta.
- Porque a atividade é motivadora.
- Para afirmar a personalidade.
- Para explorar e descobrir.
- Para aproveitar o inventado.
- Para exteriorizar seus pensamentos.
- Para descarregar impulsos e emoções.
- Para acumular suas fantasias.
- Para realizar tudo aquilo que é proibido no mundo adulto.

Dessas afirmações, podemos extrapolar algumas idéias que nos podem levar ao estabelecimento das características mais destacáveis da brincadeira e do jogo em educação infantil. São idéias de Garaigordobil (1990) e Marin (1995):

- A brincadeira é a atividade principal e mais efetiva para o crescimento da criança, nos planos motor, intelectual, social, afetivo e sexual.
- A brincadeira é um agente de crescimento dos órgãos, ajuda a estimulação das fibras nervosas e o desenvolvimento do sistema nervoso.
- A brincadeira favorece a criatividade e a espontaneidade, desenvolvendo o hábito da pesquisa, da exploração, da comunicação, da imaginação e da criação.
- A brincadeira favorece a socialização, já que envolve outras pessoas e ajuda a descobrir o mundo exterior.
- A brincadeira é uma atividade que procura prazer, entretenimento e alegria de viver; é uma fonte de satisfação.
- A brincadeira implica a participação ativa, é repetição.
- A brincadeira tem conexões sistemáticas com o que não é brincadeira (solução de problemas, desenvolvimento da linguagem, aquisição de outros conhecimentos, etc.).
- A brincadeira manifesta o desejo de ser mais velho, de ser adulto, e, para o adulto, de ser criança. Para a criança significa progressão e para o adulto, regressão.
- A brincadeira é um elemento de grande riqueza quanto à transmissão de valores e de pautas de comportamento social.
- A brincadeira, para a criança, é uma atividade séria, é trabalho; pode exigir grande esforço.
- A brincadeira estimula o desejo de superação pessoal, de êxito.

Contribuições do jogo ao desenvolvimento motor, intelectual, afetivo-psicossexual e social da criança

Quanto às contribuições da brincadeira e dos jogos para o desenvolvimento motor, intelectual, afetivo-psicossexual e social da criança, nos basearemos principalmente nas idéias de Garaigordobil (1990).

Contribuições da brincadeira ao desenvolvimento motor. As contribuições da brincadeira ao desenvolvimento motor da criança são bem conhecidas, entre as quais se destacam:

- A brincadeira serve para amadurecer o sistema nervoso.
- A brincadeira serve para educar os sentidos.
- A brincadeira serve para desenvolver as habilidades motoras (controle e consciência corporal, locomoção, manipulação, habilidades básicas, genéricas, etc.).
- A brincadeira serve para desenvolver as capacidades físicas básicas (força, resistência, velocidade e amplitude de movimento).
- A brincadeira serve para coordenar o corpo, permitindo um melhor desenvolvimento no meio.

Contribuições da brincadeira ao desenvolvimento intelectual, destacando-se:

- A brincadeira traz novas experiências, favorece a capacidade de indagar, de experimentar.
- A brincadeira é um instrumento válido para pesquisar cognitivamente o meio ambiente.
- A brincadeira oferece a oportunidade de resolver problemas.
- A brincadeira estimula o desenvolvimento das capacidades do pensamento.
- Ajuda a elaborar e a desenvolver as estruturas mentais.
- A brincadeira é o principal fator de introdução da criança no mundo das idéias (Mujina, 1983).
- A brincadeira estimula a memória, a atenção e o desenvolvimento.
- A brincadeira favorece a distinção entre fantasia e realidade.
- A brincadeira ajuda a melhorar a linguagem (Garvey, 1977).
- A brincadeira pode desenvolver outros conteúdos curriculares.

Contribuições da brincadeira ao desenvolvimento afetivo-psicossexual, destacando-se:

- A brincadeira é o desejo dominante de ser mais velho, contribui no processo de identificação com o adulto.
- A brincadeira é uma fonte de prazer.

- A brincadeira permite a realização simbólica de desejos proibidos.
- A criança expressa através da brincadeira sentimentos, conflitos, preocupações, medos, fantasias, etc.
- Na brincadeira são expressos e satisfeitos de forma substitutiva os impulsos sexuais e agressivos.
- A brincadeira é um instrumento de controle das emoções intensas e de aprendizagem de solução de conflitos.

Contribuições da brincadeira ao desenvolvimento social. Podemos citar:

- A brincadeira é um instrumento de socialização por excelência.
- Através da brincadeira, descobrem-se a vida social dos adultos e as regras que regem essas relações.
- Através da brincadeira, a criança identifica-se com a vida adulta.
- A brincadeira favorece a superação do egocentrismo.
- A brincadeira fomenta a interação e a cooperação entre iguais.
- Através da brincadeira, são educados o autodomínio e a vontade.
- A brincadeira educa atitudes e valores, já que se trata da assimilação de regras de conduta.
- A brincadeira fomenta o desenvolvimento da consciência pessoal, o que facilita a convivência.

RUMO A UMA METODOLOGIA LÚDICA PARA O DESENVOLVIMENTO DA MOTRICIDADE E DEMAIS CONTEÚDOS CURRICULARES NA EDUCAÇÃO INFANTIL

Conforme foi destacado na análise do currículo da educação infantil, a metodologia sugerida para essa etapa da vida educativa baseia-se no jogo, na ação, na experimentação e na indagação.

Uma vez justificado o papel da brincadeira e do jogar na educação infantil e sua necessidade de inclusão no currículo dessa etapa, vamos nos concentrar na proposta de uma metodologia lúdica em que possamos globalizar e interdisciplinarizar os conteúdos curriculares, a partir de uma intervenção didática baseada no movimento e no jogo.

Nesse sentido, para justificar ainda mais profundamente a urgência de uma metodologia lúdica nesta etapa educativa, começaremos resumindo os conceitos de globalização e interdisciplinaridade para, em seguida, expormos os princípios que caracterizam a etapa de educação infantil, que evidenciam a necessidade de uma metodologia lúdica para essas idades.

Globalização. Designa o fato psicológico pelo qual a criança percebe o todo antes das partes que o constituem. Equivale ao conhecimento global e é centrado na capacidade sincrética e integradora da criança. Diante do exposto, podemos definir a globalização como o ensino voltado para a percepção de totalidades, o qual se organizará a partir de um critério totalizador e unitário (Gervilla, 1992).

Interdisciplinaridade. É o conjunto das interações existentes e possíveis entre as disciplinas, no contexto dos conhecimentos, dos métodos ou da aprendizagem dos mesmos (Cobo, 1986).

Princípios pedagógicos em educação infantil

Neste momento, cabe analisar a fundamentação das características que determinam a educação infantil, visando evidenciar a presença de determinadas relações fundamentais no processo educativo da criança ainda pequena, as quais serão agrupadas em princípios pedagógicos que são inter-relacionados. É o princípio da aprendizagem significativa, sobre a qual se fundamenta a aprendizagem construtiva e com a qual se conectam princípios como o de interação da criança com o meio, o de atividade, o de jogos e brincadeiras, o de interesse, o de atividade social, etc.

Princípio da aprendizagem significativa. Ausubel (1983) afirma que a essência da aprendizagem significativa reside em que as idéias expressas simbolicamente se relacionem de modo não-arbitrário, mas substancial com o que o aluno já sabe. Desta maneira, a aprendizagem será significativa quando o aluno tiver condições de relacionar as aprendizagens novas com os conceitos e as experiências que já possui, dando significado ao material (objeto de aprendizagem) e construindo os próprios conhecimentos.

Torres e colaboradores (1991) sintetizam o que é a aprendizagem significativa com as seguintes palavras: "É a aprendizagem na qual o aluno, a partir do que sabe (pré-conceitos) e graças à maneira como o professor lhe apresenta nova informação (função mediadora), reorganiza seu conhecimento do mundo (esquema cognitivo), pois encontra novas dimensões, transfere esse conhecimento a outras situações e realidades, descobre o princípio e os processos que o explicam (significatividade lógica), o que proporciona uma melhora em sua capacidade de organização compreensiva para outras experiências, sucessos, idéias, valores e processos de pensamento que venha a adquirir, escolar ou extra-escolarmente".

Princípio da interação da criança com o meio ou princípio vivencial. Baseia-se no fato de que a vida das crianças é a fonte fundamental de aprendizagem.

Segundo Gervilla (1995), vivência pode ser definida como "um fenômeno psíquico pelo qual o sujeito experimenta determinada situação, de modo que seja um elemento constitutivo a mais da situação". Na vivência, segundo essa autora, o sujeito envolve-se tanto que chega a interiorizar a experiência, contribuindo para formar seu caráter e sua personalidade. Convém, pois, proporcionar à criança muitas e boas vivências.

Na Argentina, a Reforma Educativa faz alusão diversas vezes a esse princípio, como se pode ver: "Nos primeiros anos de vida, a criança inicia a aproximação com o mundo e realiza suas primeiras aprendizagens. Vai construindo seu desenvolvimento em contínua interação com o meio (...) a fim de conseguir o objetivo primordial da educação infantil, que é estimular o desenvolvimento de todas as capacidades físicas, intelectuais e sociais" (MEC, 1989).

Princípio da atividade. A participação ativa da criança é o melhor instrumento para o desenvolvimento de sua personalidade, distinguindo-se os anos da infância por uma atividade viva: fazer, criar, mover-se, ensaiar, experimentar e viver, a fim de aprender constantemente com a realidade. Deduz-se daí que, no processo de pensamento da criança, a lógica concreta da ação precede a lógica da especulação pura ou abstrata. Para Wallon (1980), na pedagogia infantil é essencial aprender a encontrar "a verdade" atuando sobre a "realidade".

É um princípio que orienta e facilita a compreensão da criança sobre os processos fundamentais para a aquisição de noções, além da utilização delas como hipóteses para agir, outorgando-lhe capacidade para definir ou conduzir novas idéias ou ações.

A transcendência do princípio de atividade no currículo infantil é a de suscitar o espírito de curiosidade, observação, imaginação e rigor, despertando a consciência do mundo em que vive a criança, formando de maneira progressiva em sua mente idéias caracteristicamente envolvidas em todos os fenômenos e nas mudanças naturais. Por tudo isso, os conteúdos de experiência não podem ser apresentados como saberes pré-elaborados, de maneira fechada.

Princípio da brincadeira. Em educação infantil, o princípio lúdico desempenha importância fundamental, já que a brincadeira é uma necessidade vital para a criança. Para Bertrand Russel, a brincadeira é a base existencial da infância.

Segundo Mujina (1983), jogar ou brincar gera mudanças qualitativas na psique infantil, pois tem para a criança um caráter semiótico e estimula o desenvolvimento de suas estruturas intelectuais. É a forma de exteriorização infantil por excelência. A criança faz o que pode fazer, justamente o que deve fazer. A atividade sempre tem características formativas, e o formativo está sempre no jogo de um modo particular. Por isso, deve-se rechaçar a idéia de que a falta de cumprimento de normas fixas em uma atividade cuja trama ofereça variedade e liberdade criadora signifique desatino ou desordem.

É imprescindível destacar a função motivadora do jogo. Para Gervilla (1995), existe uma transferência positiva da motivação pelo jogo às atividades escolares. Quando se desperta e favorece a curiosidade, consegue-se iniciar a criança na aprendizagem escolar. "Considerando a importância decisiva da brincadeira sobre o desenvolvimento e a aprendizagem infantil, esta deve ser utilizada em nossas aulas como base das atividades diárias, relacionando os centros de interesse ou as unidades de trabalho com atividades lúdicas destinadas a conseguir determinadas aprendizagens" (Gervilla, 1995).

Princípio do interesse. Segundo Medina (1989), "não se trata de procurar recursos preciosos que impliquem a atenção e a dedicação da criança às tarefas, com independência do verdadeiro interesse que educa, mas de facilitar neste a preparação e reflexão do significado de suas necessidades, experiências e capacidades prévias, na adequada interação da criança com o meio" (...) "Nesta perspectiva, a escola desempenha um insubstituível papel na promoção do interesse através do processamento de energias e impulsos da criança e sua transformação em hábitos de atividades estáveis (...)" (Medina, 1989).

Para que a aprendizagem seja significativa, deve-se respeitar sempre o princípio do interesse, pelos quais as atividades propostas devem reunir dois ingredientes: ser motivadoras e interessantes, elementos que devem ser considerados em seu amplo e profundo sentido.

A escola, portanto, deverá aproximar da criança o que for interessante, fomentar seu interesse para que não diminua. Para tanto, deverá proporcionar situações motivadoras que deslanchem sua atividade: jogo, movimento, linguagem, diversão, situações que enriqueçam seus sentidos, que lhe ajudem a explorar, descobrir, etc.

Essa diversidade de situações implica um talento dinâmico por parte do educador, dinamismo que exigirá flexibilidade para ser capaz de modificar e adaptar as programações em função dos interesses da criança e das necessidades em cada momento de seu desenvolvimento.

Princípio da atividade social. A aprendizagem ou vivência de caráter social se realizará no meio social, assim como a aprendizagem intelectual ocorre pela interação física ou simbólica entre a criança e seu meio. Não obstante, não apenas se socializa a criança inserindo-a no contexto de uma realidade social específica, mas oferecendo um modo concreto, peculiar e próprio de inserção nesta realidade social. A educação escolar intervém nesse sentido.

No âmbito escolar, diferentemente dos procedimentos de aprendizagem ou instrução social centrados na pura assimilação de noções que incitam a criança ao individualismo, estes princípios valorizam os procedimentos ativos e de colaboração; assim como trabalhos cooperativos para a solução de pequenos problemas da vida da escola, dramatização de situações, personificação de papéis de membros da comunidade, jogos, atividades extra-escolares são procedimentos também relacionados com o princípio de atividade social a que estamos nos referindo, potencializando o papel da escola como elemento socializador.

Princípio da criatividade. Talvez a mais bela definição seja a de Poveda (1981), para quem "a criatividade é olhar para onde todos olharam e ver o que ninguém tinha visto". Para Sillamy, citado por Gervilla (1995), "a criatividade é a disposição de crer que existe um estado potencial em todos os indivíduos e idades, estreitamente dependente do meio sociocultural".

A pesquisa sobre o desenvolvimento intelectual da criança indicou que em cada estado de seu desenvolvimento ela apresenta uma visão característica do mundo e um modo peculiar de explicá-lo a si mesma: qualquer idéia pode ser representada de um modo útil nas formas de pensamento típicas das crianças de cada idade. Para Gervilla (1995), se em todos os indivíduos e idades há um estado potencial, uma disposição para criar, descobrir, é a escola infantil a encarregada de colocar a criança em contato com o meio sociocultural e, com a colaboração dos pais (Gervilla, 1989), proporcionar-lhe os recursos necessários para ótimas aprendizagens.

Princípio da globalização. No começo do século XX, Piaget já caracterizava o pensamento infantil de global a sincrético, sendo o conhecimento global considerado em seus aspectos mais gerais, imperfeito e superficial, e o conhecimento sincrético, mais reflexivo, formal, pleno e sistemático.

Por essa maneira de pensar, do global ao sincrético, a criança percebe os objetos como um todo, chega ao conjunto com facilidade e, quando distingue aspectos da totalidade, o faz por justaposição, sendo difícil perceber relações. Em função desses fundamentos psicológicos, é necessário procurar um procedimento didático baseado na função globalizadora da criança.

Todo indivíduo tende a ver o que atrai seu interesse e a criança, como se sente interessada por tudo, realiza percepções gerais "em bloco".

O sincretismo, por outro lado, é um raciocínio não-dedutivo que passa diretamente de uma premissa a uma conclusão. Esse pensamento sincrético faz com que a visão do pensamento global preceda a visão do detalhe. Desse modo, a criança terá percepções gerais em bloco, para, imediatamente, centrar-se na parte que lhe interessa, razão pela qual se fala em passar de um pensamento global a outro sincrético.

As características do ensino globalizado podem ser resumidas, segundo Gervilla (1989), nos seguintes aspectos:

- Deverá centrar-se em cada uma das crianças: ensino individualizado.
- Deverá estar em estreita vinculação com seus interesses.
- Colocará ao alcance da criança a totalidade objetiva da realidade material da vida.
- Seu contexto sociocultural respeitará sempre os interesses e as motivações da criança.
- Procurar-se-á desenvolver ao máximo as capacidades cotidianas exercitadas pela criança.
- Não haverá nesse tipo de ensino distinção analítica de aprendizagens.
- O professor deverá partir do estudo da mente infantil. As atividades não se dão por setores, mas se buscam objetivos globalizadores de caráter imediato e prático.
- Deverá ser preparado para a criança um ambiente rico em estímulos novos e interessantes.
- A observação ocupará lugar importante no desenvolvimento da criança e, por isso, sempre que possível, se observará o interesse *in situ*.
- A metodologia vai requerer uma cuidadosa preparação na qual se darão passos concretos, sem improvisação.
- Os interesses e as condutas das crianças ante os objetivos definidos pautarão a continuidade desse processo.

O procedimento didático baseado nesse princípio de globalização, segundo Gervilla (1995), contrasta com a terceira regra cartesiana, segundo a qual devemos conduzir adequadamente nossos pensamentos, começando pelas coisas mais simples, para ascender pouco a pouco, gradualmente, ao conhecimento de coisas mais complexas. Se analisarmos detidamente esse princípio cartesiano, poderemos observar que segue a linha dos paradigmas positivistas e dos modelos tradicionais de formação dos professores, centrados no desenvolvimento do hemisfério esquerdo, que levaram a dividir a educação até o ponto em que, hoje em dia, é extremamente difícil colocar em prática novas teorias e modelos. O sistema educativo precisa de profunda revisão em suas bases, uma sincera vontade política de mudança que transcenda a demagogia e se fundamente em ações, para que essas novas tendências possam chegar aos espaços em que é possível a mudança: a escola e a família.

Para concluir o princípio de globalização, podemos afirmar que na Criação Curricular-Base (MEC, 1989) entende-se que esse princípio supõe que a aprendizagem não se produza pela soma ou pelo acúmulo de novos conhecimentos, mas que seja o produto do estabelecimento de múltiplas conexões e relações entre o novo e o conhecido, experimentado ou vivido. Trata-se, pois, de um processo global de aproximação do indivíduo à realidade que quer conhecer e será mais frutífero quanto mais permitir que as relações estabelecidas e os significados construídos sejam amplos e diversificados.

Portanto, adotar um enfoque globalizador que priorize a detecção e a resolução de problemas interessantes para as crianças contribuirá para pôr em prática um processo ativo de construção de significados que parta necessariamente da motivação e do envolvimento dos pequenos em seus processos de aprendizagem.

Em toda a fundamentação sobre os princípios que caracterizam a etapa de educação infantil, analisou-se o papel condutor do professor, mas vinculando claramente às características, aos interesses e às motivações das crianças menores.

Como pudemos observar na descrição dos princípios que caracterizam a etapa de educação infantil, há uma atitude predominantemente ativa com relação ao currículo, de alto componente lúdico e criativo, que incite o movimento e fomente a interação, a participação, o interesse, aspectos esses que nos fazem justificar amplamente a necessidade de uma metodologia lúdica para esse período, por reunir os elementos que compõem o comportamento da criança na etapa educativa infantil.

Resumindo e tomando algumas idéias de Gervilla (1995), juntamente com as nossas, a elaboração de uma metodologia lúdica na etapa da educação infantil, poderá garantir que a criança: explore e seja capaz de descrição; aproveite a recreação; desenvolva sua imaginação; impulsione sua capacidade criadora; exteriorize pensamentos, impulsos e emoções; realize coisas que não poderá fazer no mundo adulto; familiarize-se com as normas; melhore suas faculdades gerais; consiga maior equilíbrio emocional; tenha interesse em aprender; relacione suas aprendizagens com a vida cotidiana; desenvolva harmonicamente suas áreas cognitiva, afetiva, psicossexual e social; aprenda conceitos de uma forma não-traumática; aprenda atitudes e valores para a paz, solidariedade e convivência; e, por fim, aproveite o conhecimento que lhe ajudamos a construir para ser feliz.

ANÁLISE DE UMA CLASSIFICAÇÃO DE BRINCADEIRAS E JOGOS PARA ABORDAR OS CONTEÚDOS CURRICULARES EM EDUCAÇÃO INFANTIL

Segundo Navarro (1993), as classificações dos jogos e brincadeiras servem para ordená-las e estudá-las, de maneira que cada autor faz sua classificação aglutinando o maior número possível de atividades. Essa interação originou a necessidade de realizar classificações em função do número de contribuições oferecidas à idéia de programação.

Nas classificações, encontramos o mesmo problema da hora de delimitar o termo *jogo*, descobrindo tantas classificações que demonstram a dimensão e a complexidade do fenômeno, sobretudo quando pretendemos delimitá-lo.

Chegando a este ponto, nossa intenção é a de nos aproximarmos de uma classificação que possa aglutinar os tipos de brincadeiras para fomentar o desenvolvimento da criança na etapa de educação infantil.

Não pretendemos estabelecer uma classificação fechada; nossa pretensão é justamente trazer uma contribuição enriquecedora.

Uma contribuição à educação através da brincadeira

A seguir, uma classificação pessoal, baseada no desenvolvimento evolutivo da criança que, esperamos, possa contribuir com uma idéia de como as brincadeiras podem contribuir ao seu desenvolvimento integral.

Primeiras brincadeiras de estimulação motora

- Brincadeiras de manipulação e carícias; massagem para bebês.
- Brincadeiras de estimulação sensorial precoce.
- Primeiras brincadeiras aquáticas.

Brincadeiras sensoriais

- Brincadeiras para o desenvolvimento da visão.
- Brincadeiras para o desenvolvimento da audição.
- Brincadeiras para o desenvolvimento do tato.
- Brincadeiras para o desenvolvimento do olfato.
- Brincadeiras para o desenvolvimento do paladar.

Brincadeiras para o desenvolvimento das habilidades motoras

- Brincadeiras para o desenvolvimento do controle e consciência corporal.
- Brincadeiras para o desenvolvimento da locomoção.
- Brincadeiras para o desenvolvimento da manipulação.
- Brincadeiras para o conhecimento do espaço.
- Brincadeiras para o conhecimento do tempo. Jogos rítmicos.
- Brincadeiras para o desenvolvimento das habilidades genéricas.
- Brincadeiras para o desenvolvimento da coordenação.

Jogos didáticos

- Brincadeiras para o desenvolvimento matemático.
- Brincadeiras para o desenvolvimento da linguagem.
- Brincadeiras para o desenvolvimento do meio natural.
- Brincadeiras para o desenvolvimento do meio social.
- Brincadeiras para o desenvolvimento de outros conteúdos curriculares.

Brincadeiras para o desenvolvimento das capacidades físicas básicas (estas brincadeiras se integram com as destinadas ao desenvolvimento das habilidades motoras)

- Brincadeiras de força.
- Brincadeiras de velocidade.
- Brincadeiras de resistência.
- Brincadeiras de amplitude de movimento.

Brincadeiras para diferentes espaços e momentos

- Brincadeiras para ambientes fechados.
- Brincadeiras para o campo.
- Brincadeiras para a piscina.
- Brincadeiras para a praia.

Jogos com materiais alternativos
Jogos populares tradicionais

- Brincadeiras autóctones.
- Brincadeiras do mundo.

Brincadeiras expressivas

- Brincadeiras de apresentação.
- Brincadeiras de desinibição.
- Brincadeiras de simulação de situações.

- Brincadeiras dramatizadas e representadas: histórias e músicas com componentes motores.
- Brincadeiras com danças.

Brincadeiras com diferentes meios audiovisuais
Brincadeiras para crianças com necessidades educativas especiais

ALGUMAS TÉCNICAS CENTRADAS NA ATIVIDADE LÚDICA E NO MOVIMENTO PARA UMA EDUCAÇÃO GLOBALIZADORA E INTERDISCIPLINAR NA ETAPA DE EDUCAÇÃO INFANTIL

Vamos apresentar suscintamente algumas das técnicas educativas centradas na atividade lúdica e no movimento, extraídas da classificação anteriormente apresentada e que permitem abordar o currículo de educação infantil com caráter globalizador e interdisciplinar.

O primeiro conteúdo que vamos analisar, tendo em conta o papel do espaço e os materiais no desenvolvimento da motricidade em crianças pequenas, tem o seguinte título: *Os programas de educação motora aplicados ao primeiro ciclo da etapa de educação infantil*, e sob o qual serão propostos os programas que melhor atendam às perspectivas das últimas pesquisas sobre a estimulação de crianças pequenas.

Entre tais programas, e nos baseando na classificação de brincadeiras e jogos elaborada para essa etapa, podemos mencionar os programas de estimulação intra-uterina e extra-uterina, a estimulação em atividades cotidianas (formas de carregar um bebê, transportá-lo, alimentá-lo; implementos de uso cotidiano que podem ajudar a desenvolver a motricidade da criança), massagem para bebês, um programa de ginástica familiar, um programa de estimulação para bebês no meio aquático, etc.

Seguindo com a proposta apresentada para a etapa de educação infantil, e nos concentrando mais no segundo ciclo, em *técnicas de educação motora para o segundo ciclo da etapa de educação infantil*, analisaremos com maior profundidade o tema de que estamos tratando: *a brincadeira como meio de expressão, comunicação e aprendizagem* com a intenção de justificar com fundamentos científicos o papel da brincadeira na metodologia que propomos para essa etapa educativa, e desembocar em diferentes tipos de jogos, como os para desenvolvimento das habilidades motoras, desenvolvimento sensorial, diferentes espaços e momentos (ambientes fechados, pátio, campo, piscina, praia, etc.), com materiais alternativos, populares, para o desenvolvimento dos conteúdos curriculares (matemáticos, da linguagem, do meio natural, social, etc.).

Toda essa proposta vai se modelar em uma perspectiva globalizadora, com a intenção de que não sejam utilizados de forma isolada ou pontual, como infelizmente ocorre com freqüência.

Das brincadeiras propriamente ditas, passamos às técnicas expressivas (brincadeiras expressivas), diante das quais incluímos as de apresentação e desinibição.

Dentro dessa mesma categoria, propomos as *"histórias motoras"* (Conde, 1994), que podemos definir como *"histórias inventadas"* que as crianças representam na medida em que são narradas pelo professor, unindo as virtudes da literatura oral com as qualidades da brincadeira.

O objetivo principal das histórias motoras é tornar a criança protagonista de suas aprendizagens, já que se globalizam e interdisciplinarizam os conteúdos curriculares a partir da perspectiva conceitual, de procedimentos e atitudes. Nesse sentido, além das diferentes habilidades motoras e da capacidade expressiva suscetível de ser desenvolvida nessa etapa educativa, também podem ser trabalhados conceitos e atitudes de diferentes blocos temáticos, com o que estes últimos se enriquecem de maneira notável.

Por outro lado, tanto na preparação das histórias como nas atividades posteriormente programadas, tentaremos que se trabalhe a partir de uma perspectiva gloabalizadora e interdisciplinar com caráter lúdico, potencializando a assimilação dos conhecimentos que estão sendo adquiridos.

As histórias motoras, em vez de histórias inventadas, podem ser *"histórias de tradição oral adaptadas"*, nas quais se introduzem conteúdos que enriqueçam a história original tanto na vertente conceitual como em procedimentos e atitudes.

Além disso, apresentaremos variantes como *"histórias com marionetes"*, encenadas pelas próprias crianças com bonecos construídos por elas com diferentes materiais e através dos quais se recria uma história narrada pelo professor.

Outra variante será a *"história encenada com sombras"*, em que as crianças, em pequenos grupos e de forma rotativa, encenam atrás de um lençol estendido e iluminado com uma lanterna ou retroprojetor, a história contada pelo professor.

Outra das ferramentas metodológicas incluída no que denominamos Brincadeiras Expressivas são as *"canções com componente motor"* (Conde et al., 1997; Conde et al., 1998; Conde et al., 1999). As canções com esse componente se caracterizam por serem representadas enquanto são cantadas.

Dentro dessa modalidade metodológica, criamos duas variantes. A primeira é a elaboração de *"canções inventadas tanto em letra como em música"*, pelas quais se desenvolvem habilidades principais, denominadas "habilidades-mãe", a partir de uma série de ações motoras sugeridas pelas letras. O fato de que essas canções se organizem em torno de uma habilidade-mãe não quer dizer que não se desenvolvam outras, mas que se dará prioridade ao desenvolvimento da habilidade principal, em torno da qual se organiza o argumento da canção.

A segunda variante consiste em adaptar *"canções infantis de âmbito popular"* para enriquecer os textos para o desenvolvimento da motricidade e dos conteúdos de atitudes. Esse tipo de canções, diferentemente da primeira variante, unicamente adapta as letras, respeitando integralmente as melodias, as quais constituem sua "alma".

Por outro lado, ao contrário das *"canções inventadas"*, articuladas em torno de uma "habilidade-mãe", as *"canções adaptadas"* propõem, a partir da construção das letras, o desenvolvimento de um conjunto de habilidades motoras, além de conteúdos de atitude.

Na mesma linha das canções com componente motor, apresentamos os *"poemas motores"* e as *"séries com caráter motor"*, ambos aproveitando-se das virtudes da musicalidade da linguagem para o desenvolvimento de determinados conteúdos de conceitos e atitudes.

Este prazer artístico da expressão com tendência musical impulsiona a repetição de termos novos e sonoros, enriquecendo a linguagem da criança, além de favorecer o processamento das informações que, rimadas, são assimiladas com um caráter de estrutura conjunta que facilita sua interiorização.

Por outro lado, as séries com componente motor (frases curtas e rimadas acompanhadas de movimento) serão criadas para a educação de diferentes hábitos e servirão para estabelecer os começos ou os finais de diversas atividades que configuram a rotina das crianças.

Com os *"bailes e as danças infantis"*, além de desenvolver o ritmo musical característico das canções, se busca um maior envolvimento da criança com o ritmo corporal e suas coordenações globais individuais, bem como com os companheiros. Também se fomentam em grande medida o desenvolvimento da espacialidade e da expressividade, além de numerosas habilidades motoras.

Os bailes e as danças infantis também podem apresentar três variantes. A primeira, utilizando músicas e passos conhecidos; a segunda, com músicas conhecidas e coreografias criadas, adaptadas às suas idades ou criadas pelos pequenos com ajuda do professor. A terceira, com música e coreografias criadas por nós.

Com os *"meios de comunicação"*, como recurso didático, nos concentraremos nas imensas possibilidades que oferecem no tratamento dos conteúdos curriculares na etapa de educação infantil.

Devido ao grande número de meios a utilizar nessa etapa, nos referiremos aos mais conhecidos: quadrinhos, fotonovela, televisão, informática, etc., nos concentrando no uso do vídeo e de filmes infantis para atingir as metas desejadas.

Os materiais citados podem ser adaptados, modificando-se os diálogos para que incluam conceitos e atitudes de numerosos blocos do currículo de educação infantil, para o qual sugeriremos a realização de ações motoras aproveitando os movimentos dos diferentes personagens.

5
O jogo no ensino fundamental

ALFONSO VALERO VALENZUELA

INTRODUÇÃO

A brincadeira está nos princípios da humanidade como necessidade vital (Fingermann, 1970) e surge de forma espontânea em todos os seres vivos (Molina Valero, 1990). É uma atividade própria de qualquer espécie animal superior e não específicamente do ser humano (Puig, 1994). Mas, concentrando o interesse nas pessoas e mais concretamente nas crianças pequenas, é uma das atividades mais estudadas e um dos fenômenos culturais mais pesquisados (Johnson, 1986; Brito, 2000). Em conseqüência, há muita bibliografia sobre o tema e é árdua a tarefa de tentar resumir os aspectos mais relevantes.

Segundo Batllori e Batllori (1998), para o desenvolvimento de todas as potencialidades das crianças, o contexto mais estimulante e natural é a brincadeira. A vida das crianças é um jogo, vivido com grande seriedade, vigor e encantadora espontaneidade. A ação de jogar centra a criança no tempo e no espaço e lhe permite, de forma original e própria, situar-se na vida para a exploração de sua pessoa e de seu ambiente (Borja, 1985).

Tal é a importância do jogo nos primeiros anos que dele depende o desenvolvimento intelectual, afetivo e social, não sendo unicamente uma atividade natural e necessária nos primeiros anos de vida, mas em toda a infância e para sempre (Borja, 1985).

González, Alvarez e De Pablo (1993) afirmam que a brincadeira é fundamental no desenvolvimento e no crescimento do indivíduo e sua falta repercutirá de forma negativa em sua adaptação e socialização à vida real. É por meio de diferentes brincadeiras que a aprendizagem se constitui. Assim, o jogo converte-se em uma prova de sua personalidade, contribui para a conquista progressiva de sua inteligência e tenta converter a criança em um ser criativo dotado de autonomia, imaginação e fantasia, o que lhe ajudará a obter maior equilíbrio emocional, sendo as práticas lúdicas importantes tanto para as crianças sem problemas quanto para as que os possuem (Hartley, Frank e Goldenson, 1977).

Resumindo, para a criança a brincadeira é uma questão muito séria e a acompanha durante todo o período em que se desenvolve, influindo em seu aspecto cognitivo, afetivo, psicológico e social, sendo um instrumento decisivo a ser utilizado pelo professor.

Jogos e brincadeiras não servem apenas para entreter as crianças e deixar os mais velhos em paz; devem ser formativos e adequados à sociedade que se destinam (Echevarría, 1980). Para Borja (1985), hoje em dia, a necessidade de multiplicar experiências é dada pelas possibilidades intrínsecas do jogo oportunamente estimulado e porque a maioria das crianças não tem a possibilidade de um desenvolvimento por meio da brincadeira natural em grupo, praticada espontaneamente por crianças no passado.

Segundo Bonet (1990), brincar não é apenas coisa de crianças; ou melhor, sim, é coisa de crianças. O que acontece é que se acredita que ser criança é questão de uma determinada idade e, passada essa idade, quase todos "matam" a criança que têm dentro de si. Na realidade, uma boa maturidade deveria ser um crescimento em outros aspectos, mas englobando o ser criança.

A IMPORTÂNCIA DA BRINCADEIRA NA EDUCAÇÃO

No atual sistema educativo, jogos e brincadeiras podem ser entendidos a partir de três perspectivas complementares: meio globalizador, objeto de estudo e ferramenta metodológica (Figura 5.1). Vejamos:

- *Como objeto de estudo*: é um bloco de conteúdos que apresenta diferentes modalidades segundo a complexidade das normas que o regulam, o grau de envolvimento que exige dos participantes e as capacidades que pretende desenvolver.
- *Como estratégia metodológica*: é uma atividade intrinsecamente motivadora que facilita a aproximação natural à prática normalizada do exercício físico. Não resulta unicamente em aprendizagens esportivas, tem sentido em si mesma e favorece a exploração corporal, as relações com os demais e o aproveitamento coletivo do ócio.

```
┌─────────────────────────────────────────────────────────────┐
│                    ╭─────────────╮                          │
│  ┌──────────┐      │ A brincadeira│      ┌──────────────┐   │
│  │ Objeto de│◄─────│  no ensino   │─────►│  Estratégia  │   │
│  │  estudo  │      │ fundamental  │      │ metodológica │   │
│  └──────────┘      ╰──────┬──────╯      └──────────────┘   │
│                           │                                 │
│                           ▼                                 │
│                    ┌─────────────┐                          │
│                    │    Meio     │                          │
│                    │ globalizador│                          │
│                    └──────┬──────┘                          │
│  ┌──────────────┐         │         ┌──────────────────┐   │
│  │ Busca de     │         ▼         │   Atividade      │   │
│  │ conteúdos    │  ┌─────────────┐  │ intrinsecamente  │   │
│  │ com modalidades│ │Inter-relaciona│ │   motivadora e   │   │
│  │ segundo normas,│ │  conteúdos da │ │  facilitadora da │   │
│  │ grau de envolvimento│ │Educação Física com│ │ aproximação natural│ │
│  │ e capacidades │ │ outras áreas e com │ │  à prática física.│  │
│  │ que desenvolve│ │ os eixos transversais│ │                 │   │
│  └──────┬───────┘  └──────┬──────┘  └────────┬─────────┘   │
│         └─────────────────┼──────────────────┘              │
│                           ▼                                 │
│                  ╭────────────────╮                         │
│                  │  Obtenção dos  │                         │
│                  │ objetivos da etapa│                      │
│                  ╰────────────────╯                         │
└─────────────────────────────────────────────────────────────┘
```

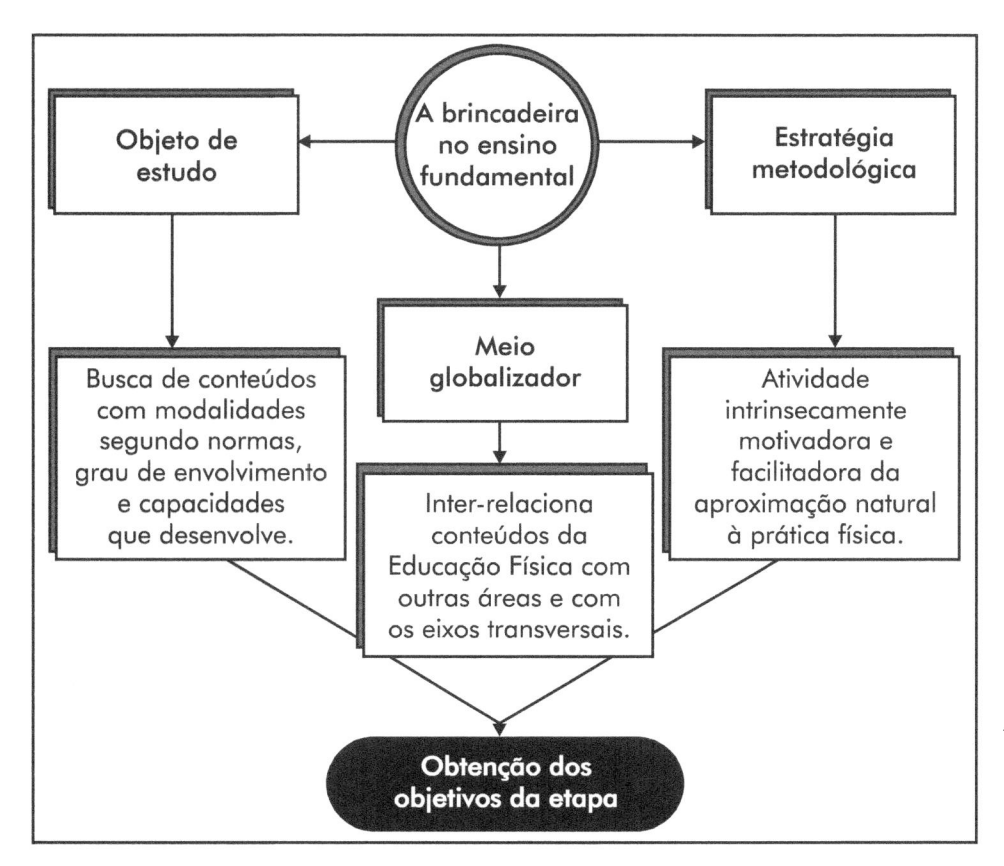

FIGURA 5.1 O jogo no ensino fundamental.

– *Como meio globalizador*: inter-relaciona conteúdos de educação física com outras áreas e eixos transversais. Sua prática potencializa atitudes e hábitos de tipo cooperativo e social baseados na solidariedade, na tolerância, no respeito e na aceitação das normas de convivência.

Essas três perspectivas devem estar intimamente relacionadas, combinando-se entre si para alcançar os objetivos da etapa. É, portanto, missão do professor especialista em educação física elaborar uma programação de aula adequada para obter com êxito a utilização da brincadeira como conteúdo essencial do currículo no ensino fundamental e como fio condutor e ferramenta obrigatória para a obtenção da aprendizagem significativa, globalizadora e interdisciplinar.

São precisamente as perspectivas do meio globalizador e a ferramenta metodológica as mais usadas para aproximar as crianças das diferentes aprendizagens que estamos analisando, deixando para depois uma análise mais profunda da importância da brincadeira como conteúdo específico da área de educação física. Por isso, mais tarde analisaremos comentários, afirmações e raciocínios de diferentes autores sobre esse tema a fim de justificar sua importância.

Para introduzi-lo, é interessante mencionar que, segundo Ortega e Lozano (1996), a escola tradicional dá à brincadeira posição marginal. Lamour (1991), em seu livro *Manual para o ensino da educação física e desportiva*, conclui que não é desejável propor uma educação física essencialmente lúdica; para ele, é impossível colocar sobre essa disciplina a realidade educativa como um todo.

Por outro lado, a antropologia encarregou-se de mostrar que aspectos muito sofisticados do saber humano são adquiridos por meio de relações mais ou menos lúdicas e informais. Do mesmo modo, as novas pedagogias fomentam a atividade lúdica como meio de educação, amadurecimento e aprendizagem. Mas a pedagogia tradicional rechaça o jogo por considerar que ele não tem caráter formativo (Puig, 1994).

Guitart (1996) diz que não se aproveitou suficientemente a relação entre as brincadeiras e os valores, não se estimou a brincadeira na justa medida por não se ver nela suas potencialidades educativas, por acreditar que os valores não são de incumbência escolar ou por estarem convencidos de que não se tem o direito de intervir em um campo de atuação infantil tão livre como o lúdico.

Por isso, de acordo com Conde e Viciana (1997), a aplicação da brincadeira na educação torna-se complexa em um sistema educativo que resiste a aceitar que a aprendizagem deve ser fonte de prazer e que a brincadeira é o melhor instrumento para que se atinja esse princípio de aprendizagem, idéia em consonância com Lizana (1991), para quem a brincadeira é a melhor forma de estimular e entreter a criança.

Zapata (1998) trata da problemática que é incluir a brincadeira no sistema educativo tradicional, em que a opção é excluir o jogo do ensino, apoiando-se em idéias como as de Aristóteles, que afirmou: "A brincadeira evoca uma atividade sem constrições, mas também sem conseqüências na vida real. Opõe-se à seriedade desta e acaba sendo qualificado como inútil. Opõe-se, por outro lado, ao trabalho, assim como o tempo perdido se opõe ao bem-empregado. De fato, a brincadeira não produz nada, nem bens nem obras. É essencialmente estéril".

Blández (2000) comenta que, quando se conceitualiza a idéia de brincadeira, outorga-se rapidamente o caráter lúdico, mas não o de meio de aprendizagem cognitiva. Associa-se a "brincadeira" às aulas de educação física, porque nelas os alunos se "divertem", enquanto na matemática, nas línguas, etc., aprendem-se coisas mais "sérias" e "importantes", em que não há espaço para o lúdico.

Frente a tais declarações, aparecem outras a favor do brincar, como as de Palácios e colaboradores (1994), para quem a educação é muito mais que brincadeira, mas muito pouco sem ela. A brincadeira inicia a relação da criança com a educação e a mantém entre suas atividades como um pilar no qual se apóiam valores, conhecimentos e experiências.

Com relação a essa idéia, Arcusa (1990) expressa que, se observamos as crianças enquanto brincam, vemos grande dedicação e interesse prazeroso no que fazem. Como consequência, alguns educadores pretenderam capitalizar a favor da atividade escolar essa propensão infantil e esse critério fez avançar a didática que hoje tende a se concentrar mais na atividade da criança.

De fato, o professor pode estimular o interesse e a curiosidade nas crianças, melhorar a prática e a compreensão sobre ensino e questionar o modo tradicional de pensar o ensino dos jogos. Somente assim poderá se colocar em marcha o longo processo de mudança para práticas novas e um novo modo de entender as coisas (Asquith, 1991). São diversos os estudos realizados na Espanha em que se confirma a idéia, como refletem Rivera (1999) e Trigueros (2000), em pesquisa de aula.

Batllori e Batllori (1998) argumentam que a brincadeira é a grande aprendizagem da vida, sem a qual os seres humanos não seriam plenamente pessoas, sofrendo de deficiências físicas e intelectuais.

O jogo educativo, como meio globalizador, é tratado como uma atividade que possui as características do jogo e as mesmas propriedades, mas que não vem espontaneamente da criança (Lamour, 1991). O jogo educativo é proposto pelo adulto com uma intenção dirigida, seletivamente, para um ou vários fatores situados no terreno afetivo, cognitivo, social ou motor; preparação para a vida pessoal e social (Bandet e Abbadie, 1983; Decroly e Monchamp, 1986).

Segundo Puig (1994), favorece o desenvolvimento integral do indivíduo, sendo, conforme Rodado (1985), Moyles (1990), García López e colaboradores (1998), Sáenz-López, Ibáñez e Gimenez (1999), um excelente meio favorecedor de todo tipo de aprendizagem.

Entendendo a brincadeira como ferramenta na educação física, essa disciplina pode adotar duas categorias diferentes (Lamour, 1991):

- Jogo que parte de um valor lúdico, como esportes coletivos, corridas de obstáculos, jogos sociomotores, etc.
- Jogo sem valor *a priori* (jogos psicomotores), como atletismo, no qual, sob formas lúdicas, se abordam técnicas desportivas complexas, despertando o princípio da destreza. Esta é, de fato, uma situação que define "o jogo educativo", como aponta Lamour (1991).

Portanto, a brincadeira como ferramenta deve conduzir as tendências naturais para atividades socialmente necessárias, que em outras organizações sociais são satisfeitas por meio de um trabalho constritivo (ver o exemplo das escolas esportivas). O jogo como meio educativo funciona porque, além da satisfação dos jogadores, deixa uma sobra que se acumula em forma de ensinamentos, que os participantes vão assimilando e que um dia serão úteis

(Echevarría, 1980). A educação física deve privilegiar a atividade lúdica como principal ferramenta para ligar as crianças à aquisição de conteúdos (Brito, 2000).

Mas Cratty (1982) comenta os perigos que têm a brincadeira, pois nem sempre serve de exemplo positivo para formar os jovens, visto que também afloram condutas negativas. Por isso, Gallardo e Toro (1993) apresentam o jogo cooperativo como o melhor recurso para compreender o mundo, ajudando-lhes a atribuir significados à sua experiência, convertendo-os em seres sociáveis.

Nesta linha, Trigo (1989) informa que o jogo deve ser entendido como o meio através do qual se atinjem os objetivos pretendidos, sendo os jogos cooperativos e criativos os que devem predominar.

A proposta de Orlick (1986) procura obter com as brincadeiras a cooperação das crianças, de modo que todos ganhem. Além disso, indica que a aplicação desses jogos na escola incide de forma muito positiva sobre o desenvolvimento físico, social, mental e emocional da criança.

Segundo Gallardo e Toro (1993), as crianças que não praticam jogos cooperativos têm menor auto-estima, subvalorização de sua habilidade esportiva e percepções mais negativas de seus corpos do que as que jogam. Esses autores apóiam seus princípios fundamentais na reflexão sobre os efeitos dos jogos escolares competitivos nas crianças, falando da notável incidência negativa na formação de sua personalidade quando são rechaçadas.

Knapp (1981) contrapõe-se à idéia anterior, pois as situações competitivas aumentam a motivação dos participantes e, se são tratadas de forma educativa, resultam muito adequadas.

Mais recentemente, Scheines (1999) argumenta que, apesar do modismo de substituir na educação a competição pela cooperação, a primeira é muito saudável, treinando os meninos para a convivência democrática.

Independentemente de usar jogos do tipo cooperativo ou competitivo, cujas vantagens e desvantagens dependem da atuação do professor (Valero, 1998), jogar favorece a criatividade, a identidade pessoal, a cooperação, a homogeneidade nas equipes, a participação do professor e o uso de material criativo, devendo-se evitar a eliminação, a monotonia, a discriminação sexual, a direção autoritária e a diferenciação por idade, como apontam Palácios e colaboradores (1994), ao falarem da utilização do jogo na educação física.

Resumindo, podem-se citar, conforme García López e colaboradores (1986), os pontos mais importantes do jogo na educação física:

- É uma atividade intrinsecamente motivadora, que facilita a aproximaço natural e a prática normalizada do exercício físico.
- A atividade lúdica ajusta-se aos interesses dos alunos e evolui em função dos mesmos. Defende uma concepção flexível dessas atividades em função do desenvolvimento psíquico e dos níveis de adaptação social do aluno.
- Fazem parte do jogo componentes de domínio e organização espaço-temporal, contribuindo para a aquisição de conceitos e estratégias.

- A atividade lúdica também é uma estratégia metodológica.
- Sua prática habitual deve desenvolver atitudes e hábitos de tipo cooperativo e social baseados na solidariedade, na tolerância, no respeito e na aceitação das normas de convivência.
- Devem ser valorizadas as participações individual e em equipe, a prática do jogo em si e não em função do êxito ou do fracasso e devem ser eliminadas as situações agressivas, violentas e de desprezo pelos demais.

Do mesmo modo, esses autores concentraram-se na área específica de educação física, indicando os elementos mais importantes do jogo:

- Ajuda o aluno a desenvolver as capacidades físicas, as habilidades e as destrezas básicas.
- É uma realidade motora que traz ao aluno prazer e satisfação.
- É um elemento imprescindível para o desenvolvimento de aprendizagens significativas.
- O próprio aluno traz soluções aos problemas apresentados. Tem um caráter criativo cheio de imaginação e fantasia.
- Desenvolve todos os aspectos da conduta humana: cognitivo, motor e socioafetivo.
- Possibilita maior interação entre os alunos, favorecendo o desenvolvimento de hábitos de cooperação e convivência, tendo um componente social muito forte.
- Permite o conhecimento das tradições e da cultura do ambiente do aluno.

O JOGO NO PLANEJAMENTO CURRICULAR DO ENSINO FUNDAMENTAL: DEFESA E ANÁLISE

O jogo constituiu-se, com o passar do tempo, em um dos conteúdos mais universais do currículo da educação física, estando presente na maioria dos currículos de diferentes países. O tratamento que recebe não é homogêneo e há contradições entre a tradição e a nova concepção que, com a reforma educativa, luta por um "lugar ao sol" nas escolas e entre os professores.

Nosso objetivo é analisar a relação entre o jogo e o planejamento curricular da área de educação física no ensino fundamental, fazendo uso do Decreto Real 1.006/1991, de 14 de junho, em que se estabelece o ensino mínimo correspondente ao ensino fundamental (MEC, 1991a), e do Decreto Real 1.344/1991, de 6 de setembro, que estabelece o currículo da educação fundamental na área de gestão do MEC (MEC, 1991b), assim como documentos afins como o de Espinosa González e Vidanes Díez (1991) e o do Ministério da Educação e Ciência (1992) que versam sobre o currículo do ensino fundamental e seu Decreto, buscando encontrar em todos a relação entre os elementos curriculares (objetivos, conteúdos, orientações metodológicas e critérios de avaliação) e a atividade lúdica.

Defesa de sua inclusão no currículo de ensino fundamental

O jogo é uma prática social universal, do mesmo modo que o são a música, a dança, a pintura ou a arquitetura (Castañer e Camerino, 1996). Para Corpas, Toro e Zarco (1994), trata-se do melhor meio de globalizar e inter-relacionar os conteúdos da própria educação física e estes com os de outras áreas, embora não se trate de um conteúdo exclusivo, visto que é a área que mais trabalha esse tipo de atividade.

Estudos dos Decretos Reais (MEC, 1991a; 1991b), Espinosa González e Vidanes Díez (1991), assim como do Ministério da Educação e Ciência (1992), destacam o caráter lúdico da educação física: "Muitas das aprendizagens de habilidades e destrezas podem ser realizadas em uma situação de jogo, que nesta idade contribui para a aprendizagem espontânea das crianças. O conflito de interesses e as regras externas próprias dos jogos contribuem, além disso, para que, por meio deles, a criança possa abandonar o egocentrismo, admitir regras, adotar diferentes papéis ou funções em situações de cooperação e/ou competição, estabelecer estratégias de equipe e, em geral, se incorporar a atividades de grupo. Por tudo isso, o enfoque metodológico da educação física na etapa do fundamental tem um caráter essencialmente lúdico".

Autores como Navarro Adelantado (1993a, 1993b), Pulet Carrasco (1995) e Bardají (1996) apontam uma série de razões, dos distintos aspectos evolutivos da criança, como o desenvolvimento físico e motor, o cognitivo, o afetivo e o social, para defender a importância do jogo no currículo, destacando o quanto facilita a aquisição de valores e sua contribuição para a formação do indivíduo como elemento imprescindível para sua aquisição.

Navarro Adelantado (1993a) destaca que se trata de um excelente meio para as concepções didáticas, tendo sido sempre utilizado por todas as pedagogias como veículo para alcançar êxitos na escola.

Análise do jogo a partir do currículo da educação fundamental

Centrando a atenção na análise entre jogo e planejamento curricular, verifica-se que o jogo parte de uma matéria concreta ao observar como contribui para o sucesso dos objetivos de etapa e área, proporcionando conteúdos globalizadores, integradores, específicos e relacionados com os três blocos do currículo (conceitual, de procedimentos e atitudes); pela estrutura de suas atividades e tarefas e por suas especiais características lúdicas, possui recursos metodológicos convergentes com as orientações pensadas e finalmente dispõe dos recursos para obter informação sobre os critérios de avaliação assinalados.

O modo como alcançam essas manifestações deve-se à leitura realizada e da análise detalhada dos Decretos Reais, bem como do estudo da bibliografia especializada na matéria, estruturado em quatro itens, seguindo os elementos que, segundo o Ministério da Educação e Ciência (MEC, 1991a), constituindo o currículo (objetivos, conteúdos, métodos pedagógicos e critérios de avaliação).

Objetivos

O ensino fundamental contribui basicamente para o desenvolvimento das capacidades de comunicação, do pensamento lógico e do conhecimento do meio social e natural dos alunos. Essas capacidades são alcançadas mediante o estabelecimento dos seguintes objetivos (MEC, 1991a), destacando-se aqueles diretamente relacionados com o bloco de conteúdos dos "jogos":

– "Compreender e produzir mensagens orais e escritas em castelhano, ou seja, na língua própria da comunidade autônoma, atendendo a diferentes objetivos e contextos de comunicação, assim como compreender e produzir mensagens orais e escritas simples e contextualizadas em uma língua estrangeira.
– *Comunicar-se por meios de expressão verbal, corporal, visual, plástica, musical e matemática, desenvolvendo o raciocínio lógico, verbal e matemático, assim como a sensibilidade estética, a criatividade e a capacidade para aproveitar obras e manifestações artísticas.*
– Utilizar na resolução de problemas simples os procedimentos oportunos para obter a informação pertinente e representá-la mediante códigos, considerando as condições necessárias para sua solução.
– Identificar e organizar questões e problemas a partir da experiência diária, utilizando tanto os conhecimentos e os recursos materiais disponíveis com a colaboração de outras pessoas para resolvê-los de forma criativa.
– Identificar e ordenar dúvidas e problemas a partir da experiência diária, utilizando tanto os conhecimentos e os recursos materiais disponíveis como a colaboração de outras pessoas para resolvê-los de forma criativa.
– Atuar com autonomia nas atividades habituais e nas relações de grupo, desenvolvendo as possibilidades de tomar iniciativa e estabelecer relações afetivas.
– *Colaborar no planejamento e na realização de atividades em grupo, aceitar as normas e regras democraticamente estabelecidas, articular os objetivos e interesses próprios com os dos outros membros do grupo, respeitando pontos de vista contrários e assumindo suas responsabilidades.*

- *Estabelecer relações equilibradas e construtivas com as pessoas em situações sociais conhecidas, comportar-se de maneira solidária, reconhecendo e valorizando criticamente as diferenças de tipo social e rechaçando qualquer discriminação baseada em diferença de sexo, classe social, crença, raça e outras características individuais e sociais.*
- Apreciar a importância dos valores básicos que regem a vida e a convivência humana e agir de acordo com eles.
- Compreender e estabelecer relações entre fatos e fenômenos do ambiente natural e social, contribuir ativamente na defesa, na conservação e na melhora do meio ambiente.
- Conhecer o patrimônio cultural, participar de sua conservação e melhora, bem como respeitar a diversidade lingüística e cultural como direito dos povos e indivíduos, desenvolvendo uma atitude de interesse e respeito pelo exercício desse direito.
- *Conhecer e apreciar o próprio corpo e contribuir para seu desenvolvimento, adotando hábitos de saúde e avaliando as repercussões de condutas sobre a saúde e a qualidade de vida".*

Segundo Díaz Lucea (1992), esses objetivos devem ser compreendidos como enunciados ou intenções educativas que fixam as capacidades que os alunos devem adquirir, baseando-se nas diferentes áreas ao final da etapa correspondente.

Para sua obtenção, o ensino fundamental conta com áreas como:

- Conhecimento do Meio Natural, Social e Cultural.
- Educação Artística.
- Educação Física.
- Língua Castelhana e Literatura.
- Línguas Estrangeiras.
- Matemática.

Cada uma dessas áreas propõe objetivos que são verdadeiras colaborações para a obtenção das metas da etapa. A educação física no ensino fundamental visa contribuir para o desenvolvimento dos alunos nas seguintes capacidades (MEC,1991a), destacando-se em itálico a número 6, diretamente relacionada com o bloco dos "jogos":

- "Conhecer e valorizar seu corpo e a atividade física como meio de exploração e aproveitamento de suas possibilidades motoras, de relação com os demais e como recurso para organizar o tempo livre.
- Adotar hábitos de higiene, alimentação, postura e exercício físico, manifestando uma atitude responsável com seu próprio corpo e de respeito com os demais, relacionando esses hábitos com os efeitos sobre a saúde.

- Regular e dosar seu esforço, chegando a um nível de auto-exigência de acordo com suas possibilidades e a natureza da tarefa que realiza, utilizando como critério fundamental de avaliação o esforço, e não o resultado obtido.
- Resolver problemas que exijam o domínio de padrões motores básicos, adequando-se aos estímulos perceptivos e selecionando os movimentos ante prévia avaliação de suas possibilidades.
- Utilizar suas capacidades físicas básicas e destrezas motoras e seu conhecimento da estrutura e funcionamento do corpo para a atividade física e para adaptar o movimento às circunstâncias e condições de cada situação.
- *Participar de jogos e atividades estabelecendo relações equilibradas e construtivas com os demais, evitando a discriminação por características pessoais, sexuais e sociais, assim como os comportamentos agressivos e as atitudes de rivalidade nas atividades competitivas.*
- Conhecer e valorizar a diversidade de atividades físicas e esportivas e os ambientes em que se desenvolvem, participando de sua conservação e melhora.
- Utilizar os recursos expressivos do corpo e do movimento para comunicar sensações, idéias e estados de espírito e compreender mensagens expressas desse modo."

Portanto, as capacidades que a educação física pretende desenvolver estão relacionadas com os objetivos da etapa e estes com as capacidades que devem contribuir para desenvolver o ensino fundamental. De fato, para Bueno Moral e colaboradores (1990), o jogo responde aos objetivos gerais da educação física e também aos da área da educação física, já que:

- Desenvolve capacidades perceptivas.
- Desenvolve capacidades motoras.
- Desenvolve diferentes formas de expressão verbal.
- Favorece a relação e a comunicação social.
- Facilita processos de raciocínio lógico.
- Possibilita a construção e a fabricação de objetos, utensílios, etc.
- Utiliza o corpo como meio de expressão.

Conteúdos

Os conteúdos são os meios pelos quais se alcançarão as capacidades e os objetivos da etapa. Logo, não nos limitaremos exclusivamente a conteúdos do tipo intelectual, "mas do tipo que engloba todas as possibilidades de aprendizagem que oferece a escola, referentes a conhecimentos conceituais, procedimentos, habilidades, atitudes e valores. (...) Não deve se limitar à aquisição de conhecimentos e conceitos, mas sim propor uma educação estimulante de todas as capacidades do aluno. (...) Os conteúdos não devem ser interpretados como unidades temáticas (conceitos, procedimentos e atitudes), que têm a finalidade de apresentar de maneira analítica conteúdos de diferente natureza, que podem e devem estar presentes através de diversas unidades didáticas (...)" (MEC, 1991a).

Segundo Contreras (1998), tradicionalmente os conteúdos estão cheios de significação intelectual, refletidos sob formas de matérias ou disciplinas, enquanto que, na atualidade, se tende a uma aceitação muito mais ampla que engloba as finalidades da escolaridade e as aprendizagens que os alunos obtêm da escolarização.

Os conteúdos devem ter uma concepção mais aberta, superando a noção do conteúdo baseada apenas em modelos conceituais e ampliando-se a outros campos, como os procedimentos e as atitudes, passando de meros objetos de aprendizagem a potencializadores das capacidades.

Após tentativas de dividir a educação física em blocos de conteúdos, como fizeram Fernández Calero e Navarro Adelantado (1989), o Ministério da Educação e Ciência e as Comunidades Autônomas propuseram praticamente os mesmos blocos de conteúdo (Díaz Lucea, 1992), dividindo os conteúdos da educação física em cinco blocos temáticos (MEC, 1991a):

1. O corpo: imagem e percepção.
2. O corpo: habilidades e destrezas.
3. O corpo: expressão e comunicação.
4. Saúde corporal.
5. Os jogos.

O Ministério da Educação e Ciência especifica para cada um desses blocos temáticos uma série de conteúdos de tipo conceitual, de procedimentos e atitudes que, para o bloco dos "Jogos", estão na Figura 5.2 (Espinosa González e Vidanes Diez, 1991; MEC, 1992).

É assim que o jogo, além de ser entendido como elemento dinamizador para incentivar o desenvolvimento das capacidades motoras, servindo de apoio metodológico para o processo de ensino-aprendizagem de outros blocos de conteúdos, é interpretado como bloco de conteúdos com caráter recreativo e socializante, adquirindo a importância que merece como conteúdo específico da área de educação física.

O período que envolve o ensino fundamental é bastante amplo, dos 6 aos 12 anos; por isso, o tratamento dos jogos progredirá com o tempo. A brincadeira avança da espontaneidade para um segundo ciclo, com regras cada vez mais complexas, chegando ao terceiro, como os esportes (Bueno Moral et al., 1990); Díaz Lucea, 1992; Carranza Gil-Dolz et al., 1996; González Herrero, 1998).

Bloco temático dos jogos		
Conceitos	**Procedimentos**	**Atitudes**
1. Tipos de jogos e atividades esportivas. 2. O jogo: normas e regras básicas. 3. O jogo como manifestação social e cultural. • Recursos para a prática do jogo e das atividades desportivas no ambiente imediato. • Jogos populares e tradicionais.	1. Utilização de regras para a organização de situações coletivas de jogos (cooperativos, de pátio, grandes jogos...). 2. Utilização das estratégias básicas de jogo: cooperação, oposição, cooperação/oposição. 3. Aplicação das atividades básicas em situações de jogo. 4. Prática de atividades esportivas adaptadas mediante flexibilidade das normas do jogo. 5. Pesquisa sobre jogos populares e tradicionais e sua prática. 6. Prática de jogos de campo, exploração e aventura.	1. Participação em diferentes tipos de jogos conforme seu valor funcional ou recreativo, superando os estereótipos. 2. Sensibilidade entre os diferentes níveis de destreza na prática de jogos. 3. Atitude de respeito às normas e regras do jogo. 4. Aceitação de uma organização em equipe do papel que corresponda ao jogador 5. Valorização das possibilidades como equipe e da participação de cada um dos membros com independência do resultado. 6. Confiança nas próprias possibilidades e valorização delas na escolha das atividades para o uso do tempo de lazer. 7. Aceitação de que nos jogos não pode haver menosprezo ou excesso de rivalidade.

FIGURA 5.2 Conteúdos do bloco temático: "os jogos".

Orientações metodológicas

A educação física contribui para a obtenção dos diversos fins educativos no ensino fundamental como socialização, autonomia, aprendizagens instrumentais básicas e melhora das possibilidades expressivas, cognitivas, comunicativas, lúdicas e de movimento, a que se deve somar a demanda social de uma educação calcada no cuidado do corpo e da saúde, na melhora da imagem corporal e forma física e na utilização construtiva do ócio mediante as atividades recreativas e esportivas, constituindo-se o jogo cenário ideal para o desenvolvimento de todos esses fins e resposta à demanda social.

Entende-se por "orientações metodológicas" o conjunto de diretrizes e enfoques didáticos dos decretos curriculares que orientam o professor em sua tarefa educativa (Díaz Lucea, 1992). Há uma série de princípios metodológicos para a etapa, de acordo com Espinosa González e Vidanes Díez (1991):

- A organização dos conteúdos exige um enfoque globalizador que permita abordar os problemas, situações e acontecimentos em um contexto e em sua totalidade.
- A atividade construtiva do aluno é fator decisivo na realização das aprendizagens escolares. O professor atua como guia e mediador.
- Funcionalidade das aprendizagens. O professor oferece oportunidades para colocar em prática os novos conhecimentos, sendo necessário assegurar a relação das atividades de ensino e aprendizagem com a vida real dos alunos.
- A atividade lúdica é um recurso especialmente adequado nessa etapa. Em muitas ocasiões, as atividades de ensino e aprendizagem terão caráter lúdico e deverão ser motivadoras e gratificantes, condição indispensável para que os alunos construam suas aprendizagens.
- A avaliação deve servir como ponto de referência para a atuação pedagógica. A sua principal finalidade é a adequação do processo de ensino ao progresso real da aprendizagem dos alunos.

As orientações metodológicas para o bloco dos "Jogos" de diferentes autores derivam destes princípios mencionados anteriormente, destacando-se dois grupos: papel do professor e dos alunos e planejamento metodológico e didático.

O papel do professor e dos alunos. Nos jogos, o educador deve ser animador, um professor aberto, flexível, motivador, buscando desafiar e dialogar (Navarro Adelantado, 1993a). Ao longo das sessões, deve conseguir com que prevaleçam os interesses do grupo, sendo imprescindível participar na elaboração de normas e regras para conseguir que sejam aceitas. Para tanto, é preciso utilizar em maior profundidade as estratégias básicas. Nesse sentido, é necessário verificar primeiro as estruturas cooperativas, de maneira a avançar até aquelas que contrapõem cooperação e oposição, como iniciação desportiva ou jogos tradicionais (Carranza Gil-Dolz et al., 1996).

A intervenção pedagógica do professor será fazer com que os alunos inventem variantes e criem novos jogos, possibilitar que colaborem entre si para tornar os jogos mais complexos e variados, contribuir para que todas as pessoas sejam incluídas e se sintam participantes na construção de situações lúdicas, fomentar a compreensão e o desejo de conhecer manifestações diferentes, ajudar a reencontrar a brincadeira perdida, abordar a curiosidade e o interesse pelas tradições e costumes que crianças e adultos construíram em torno do jogo (Carranza Gil-Dolz et al., 1996).

Há dois critérios para seleção dos jogos: objetivos e etapa evolutiva. Quando se programam vários jogos seguidos, deve-se prestar atenção ao controle do esforço (Navarro Adelantado, 1993a).

Planejamento metodológico e didático. Castañer e Camerino (1996) propõem uma série de pautas na intervenção pedagógica:

- Criatividade em todas as situações.
- Busca constante de progresso rumo ao mais difícil e divertido.
- Capacidade de concentração e esforço para administrar o objeto que interessa.
- Prazer na repetição que leva ao progresso.
- Capacidade de criar o ambiente e o meio adequado aos jogos.
- Capacidade de provocar o acaso para obter o maior número de situações experimentais.
- Rapidez na formação das relações inter-individuais.

Para Navarro Adelantado (1993[a]), a metodologia não deve ser diretiva, em termos de: forma de apresentação da atividade ou estratégia na prática global, técnica de ensino, estilo de resolução de problemas e estratégia de ensino instrutivo, participativo e emancipativo, devendo seguir uma seqüência cíclica de aplicação das estratégias de ensino, com a qual se organizam os estilos de ensino.

Para Carranza Gil-Dolz e colaboradores (1996), as orientações didáticas devem favorecer a estimulação do crescimento da autonomia pessoal e mostrar como o indivíduo está intimamente integrado no coletivo. Por isso, as atividades devem possibilitar o aprendizado com os outros, porque a participação solidária, a responsabilidade e o respeito pelos demais facilitam o crescimento individual.

Outra contribuição importante é a de De la Torre e Hernández Álvarez (1996), que destacam que os alunos devem assumir o papel de protagonistas de suas próprias aprendizagens, já que os jogos cumprem os requisitos para contextualizar as atividades. Para tanto, devem ter um enfoque construtivista, potencializando a aprendizagem significativa e o desenvolvimento global dos alunos.

Avaliação

Segundo Contreras (1997), a avaliação supõe um processo pelo qual se obtém a informação utilizada para tomar decisões sobre o ensino-aprendizagem e a estratégia docente empregada.

Portanto, a avaliação é uma atividade basicamente avaliativa e investigativa, facilitadora da mudança educativa e do desenvolvimento profissional do professor, chave para regular o processo de adaptação e contextualização do currículo em cada comunidade educativa. Os princípios que orientam a avaliação são:

– Caráter processual e contínuo.
– Adequação às características da comunidade escolar e às dos participantes.
– Conscientização da totalidade de elementos que constituem o fato educativo.
– Consideração da singularidade de cada indivíduo.
– Orientação qualitativa e explicativa, respeitando a intimidade dos participantes no processo avaliador.

A Lei Orgânica Geral do Sistema Educativo (LOGSE) introduz um novo modelo de avaliação no qual não se julga apenas o processo de aprendizagem dos alunos, mas também o processo de ensino (MEC, 1991a). A avaliação não se limita a comprovar a aquisição de conteúdos por parte dos alunos na iniciação aos diferentes tipos de jogos, mas deve permitir tirar conclusões sobre a adequação da unidade didática.

Essa avaliação do processo de ensino leva o professor a refletir sobre sua própria prática docente nos aspectos relativos à adequação dos objetivos ao nível do grupo, à adequação dos conteúdos para a obtenção dos objetivos propostos, à atratividade das atividades ao tempo, etc.

Os critérios de avaliação estabelecem o tipo e o grau de aprendizagem que se espera dos alunos com relação às capacidades indicadas nos objetivos gerais. Os critérios de avaliação são um referente fundamental de todo o processo interativo de ensino e aprendizagem (MEC, 1991b).

Para De la Torre e Hernández Álvarez (1996), as funções que cumpre são as de reconhecimento das capacidades do próprio aluno e do nível de desenvolvimento a respeito de si mesmo e dos demais. Também destacam suas possibilidades para avaliar os valores e as atitudes. Além disso, ao participar das atividades, o aluno demonstra como é e podem ser criados momentos propícios para mostrar o nível de aquisição e assimilação real de certas atitudes.

O jogo converte-se no melhor recurso para obter informação sobre os alunos e verificar se eles adquiriram as aprendizagens definidas pelos critérios de avaliação.

Segundo Carranza Gil-Dolz e colaboradores (1996), os professores, por meio da observação direta e durante o transcurso das atividades de ensino-aprendizagem, avaliam a evolução de cada indivíduo e do grupo quanto à situação inicial, extraindo as informações necessárias para conhecer e valorizar o grau de aquisição de conteúdos e objetivos em nível individual e coletivo, verificando se são adequados às características individuais e do grupo, bem como se estão ajustados ao desenvolvimento da unidade e à temporização contemplada inicialmente.

O Ministério de Educação e Ciência (MEC, 1991a) emite uma série de critérios de avaliação que veremos, agrupados em "pouco", "bastante" ou "muito" relacionados com o bloco de conteúdos dos "Jogos". Se não há alusão ao jogo na explicação, ele é mencionado no esclarecimento ou na mesma descrição do critério, respectivamente (Figura 5.3).

EXEMPLO DE UNIDADE DIDÁTICA: DO JOGO À INICIAÇÃO NOS ESPORTES INDIVIDUAIS E COLETIVOS

Para concluir este capítulo, e como recapitulação, cabe expor um exemplo descontextualizado das peculiaridades próprias de um centro educativo concreto, no qual surgiram todos os aspectos abordados até o momento, como o jogo, os objetivos etc., e também servindo de modelo sobre o qual se possam construir verdadeiras unidades didáticas, considerando as características concretas do centro, dos alunos, da disponibilidade de material e recursos, etc.

Deste modo, elaborou-se uma ficha de unidade didática pertencente a uma imaginária programação de aula, na qual se expõem os objetivos didáticos, os conteúdos conceituais, de atitudes e procedimentos, a metodologia e a avaliação (Figura 5.4), buscando sintetizar a defesa do jogo diante do currículo de educação física no ensino fundamental, já analisada neste capítulo.

Muito relacionados

13. Colaborar ativamente no desenvolvimento dos jogos de grupo, mostrando uma atitude de aceitação diante dos demais e de superação das pequenas frustrações que podem ocorrer.
14. Respeitar as normas estabelecidas nos jogos, reconhecendo sua necessidade para uma correta organização e desenvolvimento.
15. Identificar como valores fundamentais dos jogos e da prática de atividades de iniciação esportiva o esforço pessoal e as relações que se estabelecem com o grupo, lhes dando mais importância do que a outros aspectos da competição.

Bastante relacionados

3. Saltar de forma coordenada atingindo o solo com uma ou com ambas as pernas em função das características da ação que se vai realizar.
4. Deslocar-se, em qualquer tipo de jogo, por meio de corrida coordenada com alternância braço-perna e apoio adequado e do pé.
6. Lançar com uma mão um objeto conhecido compondo um gesto coordenado (adiantar a perna contrária ao braço de lançar).
8. Arremessar bolas de maneira coordenada, alternadamente, com ambas as mãos, deslocando-se em um espaço conhecido.
11. Participar das atividades físicas adequando sua atuação ao conhecimento das próprias possibilidades e limitações corporais e de movimento.

Pouco relacionados

1. Ajustar os movimentos corporais a diferentes mudanças das condições de uma atividade, como duração e espaço em que se realiza.
2. Propor estruturas rítmicas simples e reproduzi-las corporalmente ou com instrumentos.
5. Utilizar na atividade corporal a habilidade de girar sobre o eixo longitudinal e transversal para aumentar a capacidade motora.
7. Antecipar-se à trajetória de um objeto realizando os movimentos adequados para apanhá-lo ou golpeá-lo.
9. Incrementar globalmente as capacidades físicas de acordo com o desenvolvimento motor, aproximando-se dos valores normais do grupo de idade no ambiente de referência.
10. Utilizar os recursos expressivos do corpo para comunicar idéias e sentimentos e representar personagens ou histórias reais e imaginárias.

FIGURA 5.3 Quadro de relação entre os critérios de avaliação e o bloco de conteúdos "Os Jogos".

UNIDADE DIDÁTICA: DO JOGO À INICIAÇÃO NOS ESPORTES COLETIVOS E INDIVIDUAIS.

Objetivos didáticos	O que ensinar?			Como e quando ensinar				O que, como e quando avaliar?	
	Conteúdos			Metodologia				Avaliação da aprendizagem	
	Conceituais	De atitude	De procedimentos	Atividades	Material e recursos		Estratégia	Critérios	Instrumentos
1. Iniciar-se na prática das destrezas elementares de esportes como atletismo, tênis, basquete e vôlei. 2. Conhecer a técnica básica dos diferentes esportes tratados. 3. Desenvolver, a partir de uma forma jogada, uma série de práticas alternativas. 4. Estabelecer relações construtivas com os demais.	Conhecimento da técnica básica dos esportes. Compreensão das coordenações dinâmicas gerais com implementos e o processo de lateralização e ambidestrismo para possibilitar um melhor assentamento das aprendizagens esportivas específicas.	Incentivar uma atitude de busca contínua de novas fórmulas de jogos. Respeitar os companheiros e ao material. Aceitar as normas, as regras e o papel que deve desempenhar como jogador.	Prática adaptada dos esportes tanto em material e terreno como em regulamento e normas. Utilização de regras para a organização de situações coletivas de jogos e de estratégias básicas.	1ª sessão: Detecção do domínio e desenvolvimento de destrezas. 2ª, 3ª e 4ª sessões: Propostas lúdicas de atividades relacionadas com o basquete. 5ª, 6ª e 7ª sessões: Propostas lúdicas de atividades relacionadas com o vôlei. 8ª e 9ª sessões: Propostas lúdicas de iniciação ao tênis. 10ª, 11ª e 12ª sessões: propostas lúdicas de iniciação ao atletismo.	Bolas de diferentes tamanhos, lanças, redes de vôlei, cestas, raquetes de todos os tipos, simuladores de peso, cones, bancos, globos, bolas de espuma, elásticos, cordas, pandeiros, aros de diferentes tamanhos, trampolim e folhas de registro de observação.		Mista, empregando o jogo como elemento condutor e motivador, que se modifica introduzindo uma série de regras mediante as que se iniciam nos aspectos técnicos dos esportes.	Se pratica as destrezas elementares dos esportes; se conhece a técnica básica das diferentes práticas esportivas; se estabelece relações construtivas com os demais.	Observação sistemática. Correção de atividades. Trabalho em grupo: propostas lúdicas.
								Avaliação do ensino	
								Critérios	Instrumentos
								Se os objetivos são adequados ao nível do grupo e às atividades motivantes.	Questionário sobre o interesse pela prática esportiva.

FIGURA 5.4 Exemplo de unidade didática: do jogo à iniciação nos esportes coletivos e individuais.

6
O jogo tradicional na socialização das crianças

CARMEN TRIGUEROS CERVANTES

INTRODUÇÃO

> Jogar não é estudar nem trabalhar, mas jogando a criança aprende, sobretudo, a conhecer o mundo que a cerca. (Puig Roig, 1994)

No passado, o jogo não era concebido como uma atividade pedagógica ou educativa, por não ser considerado seu caráter formativo, mas atualmente seu valor educativo é bastante aceito pela sociedade, sendo apreciado como um meio de aprendizagem. Tem sido freqüente seu uso na dinâmica cotidiana da sala de aula. Tal situação, segundo Marin Santiago (1996), significa uma valorização do lúdico como fonte de realização pessoal e de saúde física e mental; assim, as novas pedagogias fomentam a atividade lúdica ao considerá-la um meio de educação, amadurecimento e aprendizagem, à qual o professor não pode nem deve renunciar.

Mas há aspectos que mudaram nos últimos tempos e estes não podem ser ignorados. Um deles é que a socialização das crianças, na qual o papel da família (socialização primária) perdeu relevância e a socialização secundária (realizada pela escola) cresceu em importância, está sofrendo com a perda de tradições culturais, fundamentalmente de transmissão oral, que passavam de uma geração à outra, já que a sociedade atual tende ao individualismo. As causas dessa mudança na socialização das crianças, conforme Pérez Gómez (1998), encontram-se:

- Na drástica redução temporal do período da infância, provocada fundamentalmente pela televisão, colocando ao alcance da criança as cruas realidades da vida humana por meio da imagem, assim como também pela escolarização precoce.
- Na aparição de diferentes tipologias familiares; as unidades familiares uniparentais aumentam devido ao divórcio; há maior número de mães solteiras e, também, convivência dos filhos de várias unidades familiares no mesmo lar.
- Na criação de instituições subsidiárias que assumem parte das funções da família tradicional (do cuidado dos mais velhos ao cuidado dos menores), em decorrência fundamentalmente à incorporação da mulher ao mercado de trabalho.

Por outro lado, parece que, se as crianças não dispõem de brinquedos mais ou menos mecânicos (pequenos computadores para brincarem sozinhas, pois não necessitam da imaginação nem da criatividade), não são capazes de se divertir.

Diante de tal situação, devemos pensar na sociedade em que vivemos e como ela está socializando suas crianças. É por isso que queremos destacar o papel do jogo tradicional neste processo.

ESCLARECIMENTOS TERMINOLÓGICOS

É normal que expressões como jogo tradicional, jogo popular, jogo autóctone e jogo folclórico confundam-se e sejam utilizadas indistintamente; assim, trataremos de explicar cada uma delas.

Para definir o *"jogo tradicional"*, Trigo (1994) recorre ao termo tradição, que a Real Academia de Língua Espanhola define como:

- Transmissão de notícias, composições literárias, doutrinas, ritos, costumes etc., que passam de geração para geração.
- Notícia de um fato antigo transmitido desse modo.
- Doutrina ou costume conservados em uma comunidade pela transmissão dos pais aos filhos.

Portanto, para Trigo (1994b), "o jogo tradicional é aquele transmitido de geração em geração, quase sempre de forma oral. De pais para filhos e de filhos para netos; de crianças mais velhas para crianças menores. Somente nos últimos tempos começou a transmissão escrita". Nessa mesma perspectiva, o definem Generelo e Plana (1996): "Jogo praticado por gerações, dentro de uma comunidade mais ou menos grande, arraigado em uma determinada cultura e que, portanto, nos fala da forma de ser e sentir da gente de uma região".

Mas não apenas encontramos definições de um paradigma antropológico e social; também há enfoques sobre o jogo tradicional entre o paradigma antropológico-social e o psicológico: "É a atividade própria da criança, constitutiva de sua personalidade. Conjuga aspectos fundamentais para seu desenvolvimento, pois não apenas permite-lhe satisfazer suas necessidades vitais de ação e expressão como vai percebendo sutilmente os traços de seu ambiente social até chegar às raízes culturais dos mais velhos" (Rubio Camarasa, 1980).

Moreno Palos (1992, 1993), Marin Santiago (1995) e Veiga (1998) destacam que nascem de uma determinada sociedade para dar satisfação às suas necessidades lúdicas, inevitavelmente marcadas por seu modo particular de vida, sendo duas de suas principais conotações o fato de se constituírem uma criação cultural genuína (ou adaptada) de uma comunidade e a transmissão ao longo do tempo de pais a filhos, supondo uma inter-relação entre o adulto e a criança de grande transcendência educativa. Navarro Adelantado (1993) considera que são as manifestações lúdicas mais naturais que podemos encontrar, fruto da evolução da cultura, perfeitamente concebidos para o entretenimento.

A definição de *popular* faz referência ao que procede do povo, por isso se define o *"jogo popular"* como aqueles que "são praticados pelas massas e não necessariamente são jogos tradicionais, mesmo que com o tempo possam se perpetuar" (Torres Guerrero et al., 1993). Portanto, consideraremos jogos populares os que entram na moda ou são praticados por muitas pessoas, mas não permanecem ao longo do tempo por não conterem uma boa carga de especificidade e representatividade cultural de seu ambiente. Nesse sentido, Trigo (1994) diverge dessa concepção e considera que a diferença entre tradicionais e populares provém da diferença de classes mantida ao longo do tempo. Assim, o jogo tradicional era próprio dos adultos das classes cultas ou aristocráticas, enquanto o popular era praticado pelas classes baixas. Hoje, não faz sentido essa diferenciação porque em ambos os casos há referências aos jogos que permanecem com o passar do tempo, fazendo parte da história e, portanto, tudo é jogo tradicional.

Quanto ao *"jogo autóctone"*, basta indicar que é próprio ou característico de uma determinada zona ou lugar, por ter lá sua origem. Moreno Palos (1992) e Veiga (1998) consideram que o termo *autóctone* faz referência às realidades culturais referentes a um ambiente particular, circunstância que não se pode aplicar no caso da maioria das regiões espanholas, já que as origens culturais são comuns e, portanto, o intercâmbio cultural foi intenso ao longo do tempo.

Por último, o termo *"jogo folclórico"*, segundo Veiga (1998), é um qualificativo que se utiliza para o conjunto de manifestações típicas de uma comunidade, mesmo que não se utilize com freqüência para denominar os jogos de uma cultura, talvez pelo caráter pejorativo outorgado ao termo folclórico em algum momento histórico de evidente uniformidade cultural, considerando as manifestações culturais populares fósseis que devem ser conservados como sinais anacrônicos de identidade, mas não como elementos que possibilitem uma vivência diferenciada e genuína de nosso contexto.

Como indica Navarro Adelantado (1993), um jogo poderia ser autóctone, mas não tradicional, por ter desaparecido ou perdido suas formas originais devido à evolução cultural; também poderíamos encontrar jogos populares, mas não autóctones; ou poderiam existir jogos tradicionais que não fossem populares por serem praticados por uma minoria ou ainda que fossem populares por terem sido fruto da difusão cultural; mas não se duvida que todos os jogos tradicionais, populares, autóctones ou folclóricos têm uma grande vinculação com o ambiente sociocultural em que se originam e desenvolvem.

Para diferenciar os jogos tradicionais de outros tipos de jogos (pré-esportivos, sensoriais, simbólicos, etc.), vamos enumerar as características deles, adaptadas de Veiga (1998):

- Estarem plenamente integrados ao ambiente, tanto que não se costuma fazer referência a espaços específicos, e em que o brinquedo, quando necessário para o desenvolvimento do jogo, costuma ser um material presente no ambiente transformado para a atividade lúdica.
- Possuírem regras e condições possíveis de serem modificados, precisamente pela necessidade de se adaptarem ao meio ou às circunstâncias concretas nas quais será praticado.
- O jogo, por ter regras fixas e estar integrado ao ambiente, pode ser recriado constantemente, surgindo, com freqüência, novas variantes de determinados jogos.
- O jogo tradicional não é apenas jogo. Quando um jogo tradicional é realizado, importa tanto o que o cerca como o jogo em si. Da própria escolha de jogadores, como as atitudes e relações dos mesmos, assim como a linguagem utilizada, tudo faz parte da encenação, sendo imprescindível para contar e analisar o próprio jogo.
- Os jogos tradicionais infantis são imitações do trabalho do adulto (na maioria dos casos).
- Nascidos em sociedades que determinam atividades lúdicas para todos seus membros, existem jogos tradicionais para todas as idades.
- A principal função do jogo tradicional é procurar a aculturação dos indivíduos novos na sociedade, sendo esse o seu verdadeiro sentido.

Por tudo isso, vamos nos concentrar nos jogos tradicionais por considerá-los arraigados na sociedade e elementos relevantes da cultura a que pertencemos; sem esquecer que o jogo tradicional "antes de ser dado da cultura popular, 'notícia' da forma de vida de um povo, etc., é jogo" (Generelo e Plana, 1996), e que esses termos são utilizados de maneira indiscriminada em folclore, educação e na vida em geral.

ÂMBITO SOCIAL ATUAL DO JOGO TRADICIONAL

> Em todo caso, se a cultura tradicional desaparece (jogos-canções, histórias), não configura um fato isolado, mas soma-se a uma realidade palpável; o que muda e se transforma são os modos de vida da sociedade, as maneiras de se relacionar da família, a relação de parentesco, o conceito e o tratamento da infância. (Pelegrín, 1990)

Pertencemos a uma sociedade capitalista, na qual impera o poder do mercado e o consumo, e na qual se tende à universalização, processo impossível sem os meios de comunicação; por isso, em algumas ocasiões, recebe o nome de *sociedade midiática*. McLaren (1997) define-a como uma cultura depredadora, em que a identidade se forja principalmente, e às vezes de modo violento, em torno dos excessos do *marketing* e do consumo, e nas relações sociais, próprias do capitalismo pós-industrial, a vida é encarada de forma "divertida" por meio da velocidade tecnológica, na qual os meios de comunicação desempenham papel relevante.

Nessa mesma linha, Hargreaves (1996) afirma que estamos passando das culturas da certeza às da incerteza, condicionados pelas seguintes razões:

- A informação e as fontes de conhecimento estão se expandindo em uma escala cada vez mais global.
- A comunicação e a tecnologia estão comprimindo o espaço e o tempo, o que leva a um ritmo crescente de mudança no mundo que procuramos ou conhecemos e em nossas formas de entendê-lo, o que ameaça a estabilidade e a permanência dos fundamentos de nosso conhecimento, tornando-os irremediavelmente frágeis e provisórios.
- As migrações mais multiculturais e as viagens internacionais provocam maior contato entre os sistemas de crenças diferentes.
- A comunicação rápida, a reforçada orientação ao conhecimento e seu contínuo desenvolvimento e aplicação estão conduzindo a uma relação entre pesquisa e desenvolvimento social cada vez mais forte e interativa, na qual o mundo social modifica-se na medida em que o estudamos, em parte (e não a menos importante), devido à pesquisa.

É evidente que o conhecimento científico torna-se cada vez mais provisório e a validade do currículo (baseado no saber dado e em fatos indiscutíveis), cada vez menos crível. Pérez Gómez (1998) destaca que, ante essa revolução eletrônica do fim do século XX, é oferecida à história uma nova forma de configuração do espaço e do tempo sem fronteiras, em que as relações sociais, políticas e culturais são influenciadas pelas mudanças à distância, devendo a escola construir um novo modelo.

As transmissões orais (canções, histórias, relatos, etc.) e os livros cada vez têm menos relevância em nossa cultura popular, condicionada fundamentalmente pela televisão, que invade todos os espaços. Como afirma Lyon (1996), passamos do logocentrismo (primazia da palavra) ao iconocentrismo (primazia da imagem), no qual "o essencial é a superfície; não há nada 'atrás' do rápido movimento de imagens sucessivas", com o risco que isso traz para a perda de nossa identidade e de nossas tradições.

Nas sociedades industriais avançadas, também nos encaminhamos a passos largos para uma civilização do ócio, graças à diminuição do tempo de trabalho proporcionada pela tecnologia (e pela informática, em particular) (Torres Guerrero, 1999), como demonstra a redução da jornada de trabalho nos últimos tempos. Mas as tendências humanas do jogo, a exploração, o movimento e a dinâmica se transformaram pela influência dos meios audiovisuais, da propaganda, da publicidade, das novas tecnologias, etc., em atividades passivas e apenas relaxantes.

Descrevemos, assim, um contexto social desfavorável ao desenvolvimento dos jogos tradicionais, mas não esqueçamos que as tradições são uma forma de lembrar, porque "somente se chega ao presente pelo passado e é este que explica o presente" (Etienvre, 1978).

VALOR DOS JOGOS TRADICIONAIS

O valor dos jogos tradicionais é tal que por si só justifica sua existência na história e na sociedade atual; mas, depois de analisar o âmbito social atual, não consideramos demasiado explicitar algumas dessas razões expostas por autores relevantes na matéria.

Medina (1987) expõe uma série de argumentos que justificam a presença dos jogos tradicionais na vida da criança:

- Constituem um dos melhores recursos para o bom uso do tempo livre.
- Mesmo que muitos sejam naturais para a criança, outros são reflexo do mundo adulto, com o que a criança se familiariza, ao imitá-los.
- Sejam naturais ou produto de imitação, consciente ou inconsciente, nota-se nos jogos populares infantis a universalidade, porque são basicamente iguais em lugares e épocas distantes.
- Quanto ao respeito às regras, são escola de civismo e cidadania. "A distribuição de jogadores por equipes em certos protótipos fomenta fértil competitividade e fortalece solidários sentimentos de cooperação" (Medina, 1987).
- As faculdades físicas e intelectuais, e também os comportamentos sociais, exercitam-se nos jogos com canções, cujos suportes rítmicos tor-

nam mais atraentes e firmes os objetivos que perseguem, oferecendo à criança variedade de recursos verbais.
- Os jogos constituem um excelente antídoto contra uma educação excessivamente técnica.
- Estimulam a criatividade.
- As crianças aprendem códigos tradicionais, genuíno folclore e a cultura da comunidade que criou tais manifestações.

Trigo (1994b, 1995) defende os jogos tradicionais com as funções que cumprem na educação:

- Favorecem a melhora qualitativa do tempo livre.
- Reforçam a auto-estima.
- Contribuem para favorecer a relação com pessoas de diferentes idades, sexo e condição.
- Permitem conhecer melhor a própria cultura e valorizá-la.
- Geram nos alunos um interesse especial a partir de sua prática.
- Possibilitam o desenvolvimento da capacidade de pesquisa de todo ser humano, ao descobrir o patrimônio lúdico.

Ao analisarem o jogo, Generelo e Plana (1996) consideram que o tradicional tem os seguintes valores pedagógicos:

- Favorece a aproximação das diferentes gerações.
- Facilita o conhecimento de dados ou de elementos culturais próprios de uma comunidade.
- Facilita a inclusão dos temas transversais do currículo do ensino fundamental.
- Facilita a incorporação de estratégias de interdisciplinaridade.
- Favorece a apresentação do processo científico (busca de jogos tradicionais de um local).
- Permite destacar os valores sociomotores do jogo.

García López e colaboradores (1998) destacam que a utilização do jogo tradicional no sistema educativo, especialmente na educação física, tem as seguintes contribuições pedagógicas:

- É uma realidade motora que causa prazer e satisfação ao aluno.
- Ajuda o aluno a desenvolver suas capacidades físicas bem como habilidades e destrezas básicas.
- É um elemento indispensável para o desenvolvimento das aprendizagens significativas.

- No jogo, é o próprio aluno quem busca soluções para os problemas. Tem um caráter criativo, repleto de imaginação e fantasia.
- Desenvolve todos os aspectos da conduta humana: cognitivo, motor e socioafetivo.
- Possibilita maior interação entre os colegas, favorecendo o desenvolvimento de hábitos de cooperação e convivência. Tem um componente social muito forte.
- O jogo permite o conhecimento das tradições e da cultura do ambiente do aluno.

Por último, Lanuza, Pérez e Ferrando (1980), ajustando-se às definições mais atuais sobre o jogo e as teorias do desenvolvimento evolutivo e da educação, indicam os aspectos pedagógicos do jogo tradicional:

- Socialização.
- Desenvolvimento da linguagem.
- Relação entre adultos e crianças.
- Atuação ao ar livre.
- Adequação à psicomotricidade.

Um aspecto a ser destacado é que, de todas as justificativas usadas na tentativa de recuperar os jogos tradicionais na escola e na rua, em sua maioria coincidentes, apenas uma, a última, dá atenção especial à adequação da motricidade. Sabe-se, no entanto, que há jogos tradicionais para todas as idades e que todos eles, de forma "natural", estão adequados às características da faixa etária à qual se destinam (jogos com regras simples para os menores, em grupo para os adolescentes, com pouca atividade para os mais velhos, etc.).

TRANSMISSÃO E APRENDIZAGEM DOS JOGOS TRADICIONAIS

No passado, os jogos tradicionais eram transmitidos de forma oral e pela prática, e nesse mecanismo de transmissão era inevitável um processo de mudança contínua que garantisse a flexibilidade e a adaptação das criações culturais, evolução que ocorre conforme a realidade social e o ambiente; "não há no oral – diz Sánchez Romero – um texto fixo a que se referir. Cada vez que se fala ou canta (representa), produz-se um texto que, por definição, é irrepetível" (Pelegrín, 1996). No entanto, essa forma de transmissão, para Ivic (1989), não apenas deu lugar a essa adaptação dos jogos, mas permite explicar fatos como:

- O desaparecimento de jogos que não correspondem às condições socioculturais.

- A criação de novos jogos.
- A formação de jogos criados a partir da interpretação de um jogo já existente.
- A assimilação de jogos de outras culturas.
- A transformação de conteúdos, estruturas ou funções de alguns jogos.

Segundo esse autor, o processo de transmissão assegurou, adequadamente, uma seleção natural com a eliminação e/ou adaptação às condições ideológicas, ecológicas e socioculturais, porque, até a etapa industrial, as mudanças eram bastante lentas. Basta observar os materiais utilizados nos diferentes jogos tradicionais. Um exemplo é o "iô-iô", que passou da madeira ao plástico e, hoje, tem até *chips* eletrônicos que produzem ruídos e luz. Mas as normas também mudam, como os espaços, os rituais, etc. Também é curioso observar como algumas características mais peculiares dos jogos tradicionais vão e vêm, para depois retornarem, a não ser que só possam ser praticados em uma época específica do ano, com determinados materiais.

O jogo tradicional funciona como transmissor de procedimentos, habilidades, formas de relação, valores, atitudes, formas de pensar, gestos, etc., todos necessários para a integração em uma determinada sociedade. Quanto à transmissão dos jogos é preciso considerar que "teria sido interrompida em algum momento, se a atividade lúdica não continuasse sendo funcional para a aprendizagem espontânea dentro da cultura" (Ortega e Lozano, 1996). Geração após geração, Maestro (1996) considera que ela pode acontecer de duas formas que podem ser chamadas de lineares. Na primeira, a separação dos sexos é tão marcada que dificilmente há cruzamento de informações (Figura 6.1).

Na outra forma, a transmissão e a aprendizagem acontecem de forma horizontal (Figura 6.2) se realizam espontaneamente na própria rua e em demais lugares, e são os próprios jogadores que divulgam o jogo.

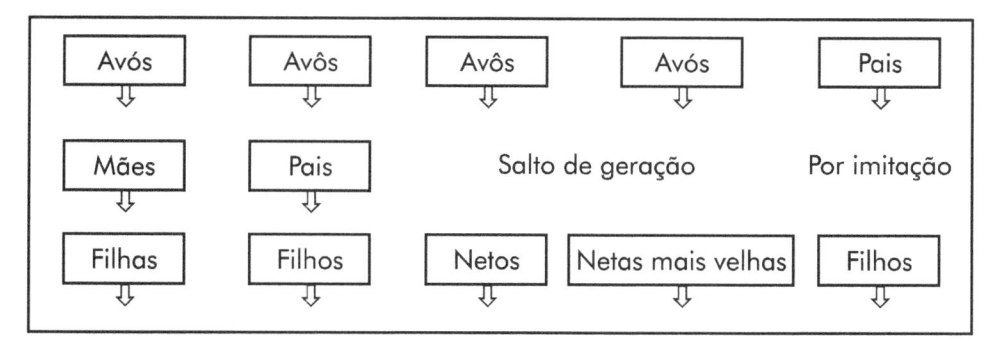

FIGURA 6.1 Transmissão do jogo tradicional de forma vertical: de geração em geração.

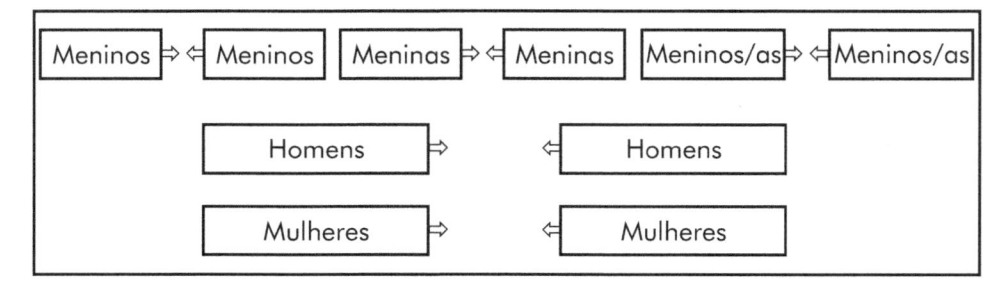

```
Meninos → ← Meninos   Meninas → ← Meninas   Meninos/as → ← Meninos/as
         Homens →          ← Homens
         Mulheres →        ← Mulheres
```

FIGURA 6.2 Transmissão do jogo tradicional de forma horizontal: socializadora.

González Alcantud (1995) considera que os agentes de transmissão oral diferem segundo a tradição: se ocorre no seio da unidade doméstica, cabe aos adultos a tarefa; se é na vida social, o agente transmissor deverá ter sido iniciado nos segredos da tradição; se é na comunidade, os transmissores em geral são pessoas conhecidas por sua capacidade de compreensão, concluindo que, historicamente, os veículos de transmissão foram muito variados e mesmo hoje ainda não se estudou em toda sua dimensão o papel da mídia na conformação de novas tradições.

Mas, como destaca Bruner (1997), "em nossa espécie, as crianças mostram uma 'predisposição à cultura' muito forte. São sensíveis às formas populares e estão dispostas a adotá-las. Mostram um surpreendente interesse na atividade dos pais e amigos e, mesmo sem orientação, tentam imitar o que observam"; mas, quanto aos jogos tradicionais infantis, Russel (1970), ao analisar a teoria do jogo de Bühler, demonstra como o autor considera que, seja qual for a forma de transmissão dos jogos, ela não seria compreensível se não houvesse na criança uma "vontade de fazer" que a faz "aprender" avidamente o oferecido.

O USO DOS JOGOS TRADICIONAIS NA ESCOLA

O uso dos jogos tradicionais como um conteúdo escolar deve se realizar de forma programada, com duplo objetivo:

– Aproximar nossos alunos das tradições de seu ambiente.
– Potencializar as atividades lúdicas da perspectiva recreativa e social (o jogo pelo prazer de jogar).

O que se pretende é transferir para o contexto escolar todos os jogos que nossos alunos utilizam, infelizmente cada vez menos, para se ocupar no ócio;

justamente o progressivo desaparecimento dos jogos livremente praticados pelas crianças torna necessária a intervenção educativa para que as manifestações culturais com arraigado fundo social não desapareçam.

Para nos aproximar da grande riqueza desses conteúdos, assim como das possibilidades de inclusão na hora do desenvolvimento da programação, faremos uma primeira aproximação esquemática ao enfoque desses conteúdos dentro dos âmbitos conceitual, de procedimentos e atitudes, a partir de uma pesquisa de Trigueros e colaboradores (1999) com 63 professores de educação física em Málaga e Granada.

Em termos conceituais, é uma boa forma de colaborar com a manutenção e o fomento das tradições da comunidade, ensinando nossos alunos a valorizá-las e respeitá-las por meio:

– Do conhecimento dos jogos, da origem, dos nomes e das variantes.
– Do conhecimento de diferentes formas de diversão, ritos, cultura e tradições.
– Do conhecimento das possibilidades e limitações no jogo.
– Do conhecimento de diferentes formas de comunicação e relação por meio dos jogos tradicionais.
– Do conhecimento de nossa cultura tradicional.
– Do conhecimento do ambiente e suas possibilidades.
– Da diferenciação entre jogos populares, tradicionais e autóctones.
– Da identificação das influências recebidas nos jogos tradicionais segundo o lugar onde se desenvolvem.
– Da identificação e interiorização das regras do jogo, etc.

No contexto dos procedimentos, podemos apreciar como aumenta a participação motora dos alunos menos dotados para a atividade física, enquanto obtemos maior grau de integração social no desenvolvimento dos jogos; cabe ressaltar a idéia da interdisciplinaridade entre áreas, por meio de:

– Classificação dos jogos em função das capacidades que desenvolvem;
– Construção do próprio material de jogo.
– Experimentação de jogos tradicionais em diferentes ambientes de aprendizagem.
– Experimentação de jogos com diferentes regras, papéis e variantes.
– Prática de diferentes estratégias de jogo.
– Recriação de jogos populares, tradicionais e autóctones.
– Preparação de atividades relacionadas com os jogos por parte dos alunos para os atos da Semana Cultural e Dia da Comunidade, etc.

Provavelmente, é na questão da atitude que podemos tirar mais partido dessas atividades lúdicas; lembremos que esses jogos são de marcado caráter socializador, porque possuem:

- Participação de todos os alunos, sem discriminação.
- Valorização das tradições.
- Valorização da cultura própria.
- Valorização dos jogos tradicionais como meio de transmissão da cultura.
- Socialização através da prática de jogos tradicionais.
- Respeito às normas do jogo.
- Respeito aos colegas.
- Respeito pelo ambiente, espaço e material de jogo.
- Participação nos jogos de maneira tolerante e cooperativa.
- Ocupação construtiva do ócio.
- Desenvolvimento dos valores humanos.
- Aceitação das próprias limitações e dos demais, etc.

CRITÉRIOS EDUCATIVOS PARA SELECIONAR OS JOGOS TRADICIONAIS

A escolha correta das atividades lúdicas ou dos jogos em aula supõe uma reflexão prévia sobre o tema, desde considerar objetivos perseguidos, interesses e motivações dos alunos até observar a não-existência de estereótipos sexistas, a não-marginalização dos alunos em função de seus níveis de destreza, as necessidades educativas especiais, etc.

Como se pode observar, são muitos os critérios que devemos considerar na hora de sua escolha; por isso, para facilitar o trabalho, vamos indicar aqueles aspectos que favorecem o jogo e os que devem ser evitados, seguindo Palacios e colaboradores (1994).

Fatores que devem ser favorecidos nos jogos

Identidade pessoal. Os jogos são atividades totalmente vivenciais, nas quais é necessário o respeito pelas diferentes personalidades. Através dos jogos, aprendemos a aceitar os demais com suas virtudes e seus defeitos, a ser livres e a ter sentimentos diversos. Por tudo isso, a tolerância, a sinceridade, a segurança e o respeito por si mesmo e pelos demais são valores que sempre devem estar presentes.

Criatividade. A possibilidade de exercitar a criatividade de cada um e do grupo deve ser fundamental nos jogos; ainda mais por pertencermos a uma sociedade (industrializada e informatizada) que limita enormemente a utilização dessa capacidade.

Participação. Os jogos têm que possibilitar a participação de todas as crianças, as mais dotadas, as menos e aquelas com necessidades educativas especiais, procurando a integração e a aceitação de todos.

Cooperação. O objetivo principal deve ser a diversão individual e coletiva; por isso, serão espaços nos quais o jogador viva sua participação e sua integração plenas e se fomentem as relações sociais.

Fatores que devem ser evitados nos jogos

Eliminação. Os jogos eliminatórios provocam a marginalização de determinadas crianças, geralmente das menos dotadas, que passam a ser meras observadoras da brincadeira, em clara contradição com a participação, fator primordial a considerar.

Ao contrário da idealização de Palacios e colaboradores (1994), a eliminação nem sempre é negativa, dependendo do uso (não do abuso) que se faça dela...

Discriminação sexual. Tradicionalmente, há jogos praticados por um determinado sexo, e não por outro (pular corda, etc.), mas isso não se deve à atividade em si, e, sim, às influências socioculturais. Hoje, a sociedade evolui para a equiparação e à igualdade sexual, mas ainda resta um longo caminho, nesta e em outras culturas; por isso, os jogos não devem ser sexistas, mas, ao contrário, devem favorecer a igualdade de oportunidades (participação, aquisição de experiências, desempenho de papéis, etc.).

Não mencionamos outros tipos de discriminações (raças, classe social, etc.), pois acreditamos que deveriam estar superadas na sociedade.

Direção autoritária. Normalmente, os jogos são propostos ou dirigidos pelo professor, algum adulto ou criança; entretanto essa atuação não deve ser autoritária, nem sistematicamente realizada pelas mesmas pessoas. Deve haver espaço para todos proporem e dirigirem atividades.

CONSIDERAÇÕES FINAIS

- O jogo tradicional é uma das primeiras linguagens da criança e uma de suas primeiras atividades, pela qual é possibilitado o conhecimento do mundo que o cerca, incluindo as pessoas e os objetos.
- Propicia a criação de grupos, com regular coesão entre seus membros em função das características evolutivas da crianças.
- Favorece a autonomia e a responsabilidade. A simplicidade de regras que presidem os jogos tradicionais infantis torna desnecessária a presença do adulto para seu desenvolvimento, recaindo o controle da tarefa sobre as próprias crianças.
- Fomenta o diálogo e o consenso entre as crianças, sobre as regras, espaços, ordem na brincadeira, etc., favorecendo a comunicação entre elas.

- Promove a imaginação e a criatividade das crianças ao se adequarem em cada ocasião às necessidades espaciais, temporais, materiais e pessoais.
- Transmite valores de trabalho em equipe, solidariedade, respeito, igualdade, competência, superação, colaboração, etc., mesmo que também surjam "antivalores" como agressividade, competitividade e sexismo, se não se utilizam adequadamente.
- Propicia a comunicação entre diferentes gerações. O ensino dos jogos tradicionais por familiares mais velhos possui alto grau de significação para as crianças.
- Favorece o conhecimento e a integração dos membros de outras culturas, dado o caráter natural e até universal de diferentes jogos tradicionais, sendo um bom meio para trabalhar a "interculturalidade".
- Mostra as diferentes relações no seio de um grupo (líder, organizador, secundário, etc.) em função da personalidade de cada um.
- Os jogos tradicionais contribuem para a integração em uma cultura através de processos de aculturação.

7
A aprendizagem através dos jogos cooperativos

ROBERTO SÁNCHEZ GÓMEZ
VÍCTOR PÉREZ SAMANIEGO

Quando criança, brincando com meus primos, aprendi muitas coisas (...) que o menor, mais lento ou mais fraco de nós sempre se dava mal. Que o mais esperto de nossos amigos sempre ficava em primeiro. Que quem chegasse por último era "burro", objeto de todas as gozações. Que o mais forte definia as regras do jogo. Sobretudo, aprendi que era importante ganhar. Mas ganhar nem sempre era divertido, significava inveja, revanche e tristeza, porque a alegria de ganhar costuma ser solitária, não-compartilhada. Hoje, me dou conta de que, com essas brincadeiras infantis, aprendia os valores desta sociedade injusta: a competição, o egoísmo, o individualismo, a agressão. Que tal reinventarmos as brincadeiras, superando o medo do ridículo, nos fixando no prazer e na alegria, mais do que em quem ganha ou perde, permitindo a participação de todos, com criatividade para superar o desafio juntos, porque é importante que todos cheguemos à meta? (Rosalba Gómez, jornal *Bases da Universidade de Venezuela*, resumido por Gairagordobil, 1992.)

INTRODUÇÃO

O jogo é utilizado como recurso educativo desde a Antigüidade, mesmo que a pedagogia tradicional o tenha mantido afastado da educação formal, acusando-o de carecer de virtudes educativas (Garfella, 1987). Na segunda metade do século XX, a corrente dos métodos ativos despertou o interesse pela possibilidade de introduzir jogos no ambiente escolar. Desde então, não se deixou de discutir o planejamento mais apropriado para sua utilização pedagógica neste contexto. Sua finalidade educativa foi objeto de controvérsias, tanto que se vinculou com intenções tão diferentes como o desenvolvimento da psicomotricidade, a integração social, a formação do caráter e a educação moral, a melhora da condição física ou a iniciação esportiva.

Com o tempo, o interesse educativo pelos jogos gerou na educação física uma perspectiva teórica que defende uma educação através dos jogos e da prática de esportes (Devis, 1994). Mais concretamente, fala-se de uma tendência que respalda as possibilidades educativas dos jogos nos aspectos afetivo, motor e cognitivo mediante propostas estruturadas e intencionadas por parte dos adultos (Lamour, 1981). Podemos citar um enfoque surgido há duas décadas no contexto britânico chamado "Ensino para a compreensão dos jogos esportivos" (Thorpe, Bunker e Almond, 1986). Nesse enfoque, tem papel destacado a compreensão tática dos princípios de jogo, junto à preocupação com a participação dos alunos na tomada de decisões e em condições não-discriminatórias de gênero ou habilidade, assim como outras questões de ordem moral que possam surgir na prática (Devis e Peiró, 1992; Devis e Sánchez Gómez, 1996, 1998).

A proposta de aprendizagem cooperativa que desenvolvemos nesse trabalho tem uma clara influência do modelo compreensivo. Assim, mantemos um interesse explícito pelo conhecimento prático e a compreensão tática como motores de uma participação inteligente. Ao mesmo tempo, respaldamos a idéia de que a experiência afetiva dos participantes desenvolva-se no âmbito da satisfação e da igualdade (Sánchez Gómez, 1997). Nesse sentido, nossa contribuição mais significativa procede de uma simbiose de ambas as questões no conceito de "compreensão afetiva". Com isso, exploramos uma forma de compreensão voltada para emoções, sentimentos e vivências que surgem das relações humanas e das experiências pessoais no contexto do jogo. Para alguns autores, aqui reside o verdadeiro valor educativo do jogo (Guillemard et al., 1988).

Sugerimos novas possibilidades dos jogos cooperativos e da aprendizagem cooperativa no âmbito da educação física, incentivados por ser a cooperação um dos principais valores no atual modelo curricular, inclusive definido como competência básica (Rico e Fontecha, 1998; Duran, 2000). Essas sugestões partem de propostas e experiências anteriores com os jogos cooperativos, em que reconhecíamos o modelo compreensivo de ensino dos jogos esportivos como um enfoque coerente para promover situações educativas em educação física (Sánchez Gómez, 2000; Pérez e Sanchis, 1999).

POR QUE A APRENDIZAGEM COOPERATIVA?

A aprendizagem cooperativa é o conjunto de formas de organizar os alunos para que cooperem em grupos heterogêneos na realização de tarefas acadêmicas. As situações propostas exigem que os estudantes alcancem objetivos comuns, de modo que isso só ocorra de maneira coletiva (Johnson, Johnson e Holubec, 1999). Sua metodologia é muito diversa: na bibliografia, receberam mais atenção os métodos impulsionados por pesquisadores que protagonizaram seu desenvolvimento, pesquisa, avaliação e programas de formação. São, entre outros, os métodos de "Learning together", de Johnson e Johnson, "Equipes-Jogos-Torneios", de DeVries e Edwards, "Quebra-cabeças" de Aronson, "Grupo de Pesquisa", de Sharan e Sharan, e "Team assisted individuation", de Slavin (Johnson, Johnson e Stanne, 2000).

A pesquisa destaca que a aprendizagem cooperativa é muito eficaz nas duas funções que costumam se atribuir à escola: a aprendizagem de tarefas e de destrezas específicas e a socialização dos alunos (Ovejero, 1990; Slavin, 1995; Johnson, Johnson e Stanne, 2000). Tal eficácia parece se sustentar na interação proposta pela organização cooperativa da aprendizagem. Tal forma de interação favorece o desenvolvimento cognitivo quando se amplia o conhecimento disponível, proporcionando mais alternativas ante uma tarefa, ao mesmo tempo em que expõe os participantes a pontos de vista alternativos que obrigam a reconsiderar ou a defender o seu ideal. Essa interação entre os alunos e o professor tem conseqüências educativas que vão do favorecimento da ética da colaboração e responsabilidade à superação ou à matização de estereótipos sociais, de gênero ou culturais. A interação também está na base do fomento de hábitos metacognitivos e auto-avaliação, assim como sua contribuição à competência social (Rué, 1998).

Esse potencial educativo da cooperação faz com que os integrantes de grupos cooperativos se caracterizem por uma boa predisposição à cooperação, um fluente intercâmbio de informação, apoio e recursos entre seus membros, a motivação de se esforçar e obter resultados que superam a capacidade individual, o uso de habilidades de relação interpessoal, a responsabilidade individual sobre o próprio trabalho e a capacidade para analisar o próprio funcionamento do grupo. Também costumam questionar as conclusões, refletir para entender os problemas, analisar processos eficazes para a tomada de decisões, atuar com confiança e ter maior auto-estima junto a um baixo nível de estresse. Além disso, costumam ser mais tolerantes e flexíveis ante as opiniões e críticas dos demais (Garaigordobil, 1992; Johnson, Johnson e Holubec, 1999).

Apesar dessas contribuições educativas, a escola tradicional relegou a aprendizagem cooperativa das aulas. Esse esquecimento tem relação com a idéia de que as interações (cooperativas) são perturbadoras na dinâmica da aula e por isso devem ser eliminadas ou limitadas. Já as formas de trabalho individual e competitiva permitem maior controle da turma, pelo que sua exclusiva utilização estaria mais que justificada, apesar dos reconhecidos efeitos negativos (Duran, 2001).

As orientações da Reforma exigem que a metodologia baseada na cooperação faça parte dos recursos do professor. Nesse novo âmbito, as interações entre os alunos recuperam seu valor educativo graças à concepção construtivista da aprendizagem. Nessa teoria epistemológica, a construção do conhecimento é concebida como um processo interativo entre aluno e conteúdo em que, sob determinadas circunstâncias, os alunos podem aprender uns com os outros. Além disso, a organização cooperativa das tarefas pode ser uma estratégia apropriada na atenção à diversidade, como indicam experiências e propostas (Mate, 1996; Guix e Serra, 1997; Pujolás, 1997). No contexto mais amplo da sociedade do conhecimento, a capacidade de cooperar é uma das principais competências interpessoais, já que o trabalho em equipes interdisciplinares e multiculturais serão habituais para os trabalhadores (Duran, 2001).

No âmbito da educação física, o compromisso ético com as dinâmicas cooperativas pode ser uma resposta contundente à legitimação pela tradição esportiva de valores como o individualismo e a competitividade. Esse conteúdo hegemônico na educação física nos transmite imagens de pessoas, muitas vezes modelos sociais, superando adversários ou vencendo sem a ajuda de companheiros. Uma conseqüência disso, conforme Ovejero (1991), é um impedimento para apreciar que os maiores êxitos da humanidade não são fruto do esforço de apenas uma pessoa, mas do esforço conjunto para atingir objetivos comuns. A ênfase na aprendizagem através, e com a cooperação da educação física afasta-nos desses modelos socioculturais imperantes e responde ao desejo e ao compromisso dos professores de educar nas dinâmicas de colaboração, decisão compartilhada e interdependência positiva. Essa consideração pelo cooperativo deve ocorrer, pois as atitudes associadas à cooperação são *desejáveis*. Isso implica avançar em programações ricas em atividades e metodologias cooperativas, valiosas porque geram cooperação. Para tanto, não basta programar jogos cooperativos; é necessário compreender e refletir sobre como se produz a cooperação em nossas aulas e quais são os resultados.

POR QUE VALORIZAR O ENSINO PARA A COMPREENSÃO?

O ensino para a compreensão foi separado das aulas pelos planejamentos pedagógicos mais tradicionais. A proposta de um "modelo de processo" por Stenhouse para superar o modelo de objetivos e racionalidade técnica dominante tirou do primeiro plano da cena educativa o interesse pela compreensão como um traço distintivo do processo educativo. Nesse contexto, a atividade educativa é entendida como a elaboração e experimentação de um projeto destinado a facilitar a compreensão dos alunos (Pérez Gómez, 1990). Tais idéias assentaram as bases de uma corrente pedagógica de grande importância no âmbito educativo anglo-saxão, denominada "Ensino para a compreensão" (*Teaching for understanding*).

Seu principal argumento para promover a compreensão na aula é sua importância para alcançar os objetivos de longo prazo da educação, o uso ativo do conhecimento e das habilidades adquiridas de maneira que os estudantes possam abordar com compreensão a complexa realidade, assim como deliberar sobre os modos mais racionais de intervenção. Assim, podem desempenhar com garantias papéis sociais e profissionais que exigirão avaliações, compreensão e juízos (Elliot, 1990; Perkins, 1993). Além disso, um ensino para a compreensão pode terminar com o fracasso do sistema educativo em promover o êxito dos alunos na resolução de problemas, a análise crítica, o pensamento divergente ou a compreensão de conteúdos acadêmicos (Kickbusch, 1996). Do ponto de vista pedagógico, defende-se que a compreensão resulta em fator básico de aprendizagem pela motivação que proporciona a quem aprende. Esta motivação vem do interesse e do prazer que despertam os conteúdos quando são compreendidos, o que permite aos alunos comprovar a importância de tais conteúdos em suas vidas. Esta virtude do ensino para a compreensão encontra problemas e limitações na falta de confiança dos professores e seu medo de perder o controle da aula, a ansiedade que pode provocar neles e nos alunos e o risco de fracasso em um sistema educativo baseado em exames de memória (Elliot, 1990).

Além disso, o ensino para a compreensão é muito coerente no contexto da Reforma Educativa: a teoria construtivista da aprendizagem adotada na Reforma é chamada de "ensino para a compreensão" (Kickbush, 1996). Esta vinculação fica mais clara quando se identifica um dos pilares do construtivismo, a aprendizagem significativa, como um processo de aprendizagem em que se envolve o aluno individual e coletivamente para a compreensão e a ação (Pérez Gómez, 1990).

As áreas acadêmicas em que se pesquisa o interesse pela compreensão podem levar a pensar que essa corrente destina-se exclusivamente às disciplinas de natureza conceitual. Mas ela surgiu também na educação física, fruto da influência dos trabalhos de pesquisa-ação de Stenhouse e de outros pesquisadores sobre compreensão, todos realizados no contexto britânico nos anos de 1970 e 1980, assim como a busca de alternativas aos planejamentos centrados na técnica que dominava o ensino do esporte na escola (Sánchez Gómez e Devis, 1995).

Com o tempo, desenvolveu-se um sólido enfoque curricular baseado na compreensão dos princípios táticos dos jogos esportivos (Devis e Peiró, 1992). Estes têm sido o contexto preferido para se aplicar esse enfoque, de maneira que se propuseram novas aplicações a outros conteúdos e atividades, como os jogos tradicionais e cooperativos, as atividades aquáticas ou os esportes de combate (González, 1996; Moreno e Gutiérrez, 1998; Pérez Samaniego e Sanchis, 1999; Molina e Villamón, 2000; Sánchez Gómez, 2000). Nesse sentido, não é descartável que o interesse pela compreensão siga conquistando adeptos na educação física, ampliando-se a perspectiva para outras atividades físicas. Isso é possível porque todas elas exigem conhecimento prático, compreensão e consciência conceitual, como aspectos necessários, mesmo que insuficientes para uma participação bem-sucedida (Devis, 1996). Essa forma de pensar o ensino se aproxima do que Arnold (1991) entende como processo educativo: a participação em uma atividade (prática) em que se combina um desenvolvimento do conhecimento e a compreensão como atitude atenta ao que se obtém.

Hoje, a pesquisa sobre os benefícios da compreensão na educação física se reduz a escassos estudos no ensino de jogos esportivos. Um deles, de metodologia qualitativa, constata que a experiência afetiva dos alunos pode obter grande parte desses benefícios, embora pesquisas experimentais não tenham encontrado diferenças quanto ao planejamento tradicional baseado na técnica (Burrows, 1986; Tjeedsma et al., 1996). Defende-se que as situações-problema utilizadas para facilitar a compreensão promovem uma importante melhora da competência dos alunos. Essas situações permitem compreender o contexto do jogo e favorecem o desenvolvimento de conhecimentos, procedimentos e atitudes para uma participação plena (Ruiz, 1993). Há aspectos problemáticos, como a exigência de um envolvimento pouco habitual que pode levar ao rechaço por alunos e professores, a interferência da ênfase em aspectos cognitivos sobre o aproveitamento e a dificuldade para avaliar a compreensão, já que nem sempre se pode demonstrar mediante atuações práticas (Devis e Sánchez Gómez, 1996).

POR QUE OS JOGOS COOPERATIVOS?

Jogos cooperativos referem-se a um conjunto de atividades lúdicas cuja característica primordial é propor a cooperação como única forma de interação entre seus participantes. Essa cooperação é um tipo de comportamento que exige a ação conjunta de várias pessoas com a intenção de alcançar um objetivo comum. Nos jogos cooperativos, essa ação conjunta deve implicar a participação de todos mediante ações coordenadas. Esse processo envolve o enriquecimento pessoal e a exploração gratificante das possibilidades criativas em um ambiente em que ninguém é discriminado, excluído, derrotado ou eliminado.

Os jogos cooperativos adquiriram grande popularidade na animação e na educação graças aos trabalhos do psicólogo canadense Terry Orlick (1986a, 1990). Seu interesse vem da busca de alternativas à majoritária oferta de jogos e esportes altamente competitivos nas atividades de recreação, esporte organizado e educação física. Sua intenção era evitar os efeitos negativos da competição sobre a auto-estima, proporcionar a experiência de êxito e o sentimento de aceitação, promover os comportamentos cooperativos e responder às próprias demandas das crianças sobre maior participação e diversão em seus jogos (Orlick, 1986b).

As propostas iniciais de Orlick configuraram-se em um movimento de natureza recreativa e educativa capaz de realizar tarefas de difusão e formação. Movimentos recreativos como o *New games* ou *Family Funforall* também abordaram o uso de jogos cooperativos em suas propostas recreativas. Movimentos pacifistas, ecologistas, educativos ou de defesa dos direitos humanos incluíram em seus recursos os jogos cooperativos (Coletivo de Educação e Não-Violência, sem data; Brown, 1992; Tuvilla, 1993; Seminário de Educação para a Paz, 1993, 1996; Cascón e Martín, 1995; Pulido et al., 1997; Sos Racisme, 1998; Bueno, 2000).

Na educação física, há cada vez mais defensores dos jogos cooperativos enquanto valioso recurso educativo (Trigo, 1994; Grineski, 1996; Omecaña e Ruiz, 1999). Isso propiciou que, hoje e em nosso contexto mais próximo, tenha surgido um crescente interesse dos professores por introduzi-los em suas aulas, assim como um aumento de bibliografia e experiências publicadas (Jares, 1992; Palacios et al., 1996; Bantulós, 1998; Guitard, 1999; Pomer e cols., 2000; Sánchez Gómez, 2000). Além disso, sua fusão com outras práticas permite que encontremos jogos cooperativos em propostas de expressão corporal, jogos alternativos, atividades na natureza ou recuperação de jogos tradicionais (Ruiz, 1991; Trigo, 1994; Vera e Hernández, 1997). Também a introdução em educação física de materiais não-convencionais, como pára-quedas ou balcões gigantes, enriqueceram as possibilidades de criar novos jogos cooperativos (Horval e French, 1997). Nesse sentido, um grupo emergente de práticas cooperativas semelhante aos jogos cooperativos são as tarefas *Outwar Bound* ou *Team building through physical challenges* (TBPC). Tais atividades são desafios físicos com certo componente de aventura que requerem considerável organização, comunicação e cooperação no grupo para resolvê-los com êxito (Glover e Mindura, 1992).

Diversas pesquisas respaldaram essas possibilidades educativas dos jogos cooperativos. Uma revisão de Orlick (1988) conclui que são instrumentos eficazes para fomentar atitudes relacionadas com a cooperação e melhorar a coesão do grupo. Um estudo de Garaigordobil (1992) sobre o efeito educativo de um programa de jogos cooperativos evidenciou uma evolução positiva na socialização no contexto da aula, uma melhora da capacidade de cooperação dentro do grupo e uma mudança positiva na relação educativa entre o professor e o grupo. Esse trabalho concluiu que a incidência positiva do programa não se generalizou totalmente fora do contexto da aula, mas os trabalhos revisados por Orlick e Zitzelsberger (1994) mostram que os valores apreendidos nos jogos de cooperação podem ser aplicados em outros contextos da vida real. Outras pesquisas respaldaram o uso terapêutico e educativo dos jogos cooperativos em iniciativas para prevenir a violência, promover a aceitação racial e a integração dos deficientes, a melhora de suas capacidades e atitudes diante deles (Rogers et al., 1981; McGill, 1984; Wacker, 1984; Acton e Zarbatany, 1988; Bay-Hinizt et al., 1994).

A COMPREENSÃO ESTRATÉGICA E AFETIVA NOS JOGOS COOPERATIVOS

Os jogos cooperativos são práticas de grande potencial educativo, caracterizadas por um ambiente de cooperação e participação plena. Supõem, também, contextos apropriados para abordar uma aprendizagem da cooperação a partir da compreensão estratégica e afetiva das diferentes situações. Essa dupla perspectiva obriga-nos a entender o jogo cooperativo como uma experiência emotiva, uma situação estratégica na qual os jogadores possam evidenciar sua inteligência em suas atuações. Nelas, não encontramos apenas princípios que orientem a atuação para ser mais competente, mas também, elementos fundamentais de troca das relações humanas que se estabeleçam no jogo e que determinam a experiência afetiva de cada jogador. A estratégia é um conhecimento que se constrói ao interagir de forma positiva em uma dinâmica de cooperação, reflexão e participação inteligente.

Hoje, as estratégias dos jogos cooperativos vêm de uma experiência em que se propuseram como situações em que os alunos deviam refletir e discutir sobre suas ações para ter êxito no jogo (Sánchez Gómez, 2000). Na avaliação dos jogos, concluímos que a maioria possuía a complexidade estratégica suficiente para estimular o processo. Com a exceção de um único jogo, todos (oito) os alunos extraíram algum aspecto relacionado com uma possível estratégia que exigia uma tomada de decisões coletivas. Além dos aspectos estratégicos, destacam-se a complexidade estratégica de cada atividade, o número de objetivos solicitados pelos jogadores e o tempo total dedicado a obter o melhor resultado em cada um deles. No Quadro 7.1, sintetizamos os aspectos estratégicos dos jogos.

Nossa proposta de compreensão também engloba sua dimensão afetiva, entender e dar sentido educativo à experiência vivencial das dinâmicas cooperativas nos jogos. Uma maneira de focar a atenção sobre essa dimensão afetiva é falar do jogo como *experiência satisfatória*. Assim, pretendemos dar o significado de uma série de termos relacionados com a vivência emocional positiva dos alunos de acordo com sua experiência, refletida em sentimentos e percepções de aproveitamento, prazer e diversão, unidos a um grau de competência que permita a participação ativa (Sánchez Gómez, 1997).

Os jogos cooperativos propiciam que a experiência satisfatória seja acessível e distinta ao reduzir a dificuldade técnica e destacar a importância das dinâmicas de interação positiva. Todos têm papel importante. O objetivo é compartilhado, não-individual ou excludente, e só é atingido se todos os membros do grupo o alcançarem. Portanto, a responsabilidade não é só com o *meu* objetivo, mas com o de todos. Os fracassos também são de todos e não apenas de alguns. Nos jogos cooperativos, a experiência satisfatória é unida a processos e êxitos diferentes que os dos jogos esportivos institucionalizados. A ausência de eliminação ou exclusão, a possibilidade de desenvolver a autonomia na tomada de decisões, a possibilidade de viver a falha como parte do processo e não como fracasso, a diversidade de soluções para o mesmo problema ou a necessidade de integrar o próprio papel no jogo com o dos demais são alguns dos principais traços afetivos desses jogos (Pérez Samaniego e Sanchis, 1999).

QUADRO 7.1 Aspectos estratégicos dos jogos cooperativos. Uma proposta de classificação

Jogo	Descrição	Aspectos estratégicos	Outros jogos similares	Denominação do grupo de jogadores	Modificações
A bandeja	Mantendo no ar, um colchão, tentar subir o maior número de pessoas sem tocar o chão.	– Escolha de quem sobe. – Organização na hora de subir. – Distribuição sobre o colchão – Distribuição dos componentes.	O banco é de todos. A montanha. O grande salto.	Jogos de distribuição espacial.	– Superfície sobre a qual devem se distribuir. – Tarefa de quem ocupa a superfície.
Colchonete voador	Lançar um colchão sobre uma corda, como um salto.	– Forma de lançamento. – Colocação do colchão. – Distância da corda.	O lençol catapulta. Dar-lhe o farol.	Jogos de lançamento coletivo.	– Objeto de lançamento. – Implemento para lançar. – Lançamento em altura ou longitude. – Limitações.
Cruzar o rio	Deslocar-se sem tocar o chão, usando apenas colchonetes.	– Coordenação do deslocamento. – Manipulação do meio de deslocamento.	A corrida do espaguete.	Jogos de deslocamento coletivo.	– Meio para o deslocamento. – Percurso. – Limitações.

ORIENTAÇÕES METODOLÓGICAS PARA A PRÁTICA

O posicionamento educativo que defendemos sobre o ensino para a compreensão considera que é um processo estimulado e orientado para dinâmicas positivas de interação entre os alunos. Tal processo exige a aplicação de uma série de estratégias que facilitem a compreensão pelos demais, mas também é necessário considerar outras questões, como os critérios de escolha dos jogos, a valorização do processo e a utilização educativa da competição entre grupos. A maior parte das orientações metodológicas que sugerimos são aplicações procedentes da bibliografia sobre aprendizagem cooperativa (Johnson et al., 1999; Ovejero, 1991; Palomar, 1991), o ensino dos jogos no âmbito escolar, a partir de planejamentos alternativos (Devis e Peiró, 1992); Belka, 1994; Butler, 1997; Hichwa, 1998; Kamii e DeVries, 1988) e outras publicações construtivistas (Alverman e cols., 1990; Barrón, 1991; Entwistle, 1988; Pérez Samaniego e Sanchís, 1999; Sánchez Gómez, 1996, 1997, 2000).

Escolha do programa de jogos

Os trabalhos que reúnem informações sobre jogos cooperativos são inúmeros. Além disso, a invenção de novos jogos é uma opção ao alcance de todos, inclusive dos próprios alunos, para dispor de um número muito maior de opções. Porém, ao elaborar um planejamento e uma metodologia de trabalho com estes jogos, é preciso considerar que:

- Os jogos devem permitir que todo o grupo participe ativamente durante todo seu desenvolvimento, tendo todos os jogadores o que fazer durante a atividade. Para isso, é preciso considerar aspectos como a própria dinâmica do jogo. Nos casos de jogos coletivos, o sucesso do grupo baseia-se na participação ativa de todos, ninguém pode ficar "abandonado" pelo caminho e a ausência de algum jogador debilita o grupo. Para que todos participem, também é importante que exista uma relação coerente entre os recursos materiais e o número de jogadores, bem como entre as habilidades exigidas e as capacidades dos participantes. Se essa relação não for adequada, o professor pode promover a "cooperação afetiva", convidando o grupo a resolver eventuais problemas.
- Os jogos com risco para a integridade física não devem ser incluídos. Mesmo nos aparentemente seguros, devem-se prevenir situações que podem torná-los perigosos. O jogo da bandeja pode ser perigoso se não estiverem bem posicionadas as pernas e as costas de quem segura. Em jogos como o "banco é de todos", em que o objetivo é subir o maior número possível de pessoas sobre um banco sueco, a ausência de colchonetes em vota do banco ou as atitudes arriscadas dos participantes, como fazer torre humana sobre o banco, podem provocar problemas desnecessários.
- Os jogos devem ser estimulantes para que motivem os alunos a pensar como atuar e se superar. Devem utilizar uma ampla gama de estratégias e requerer diferentes habilidades em seu desenvolvimento. A classificação nos permite ver a diversidade de estratégias e habilidades que podem ser desenvolvidas. Provavelmente, na bibliografia específi-

ca há muitos outros jogos. Também é possível criar outros partindo da riqueza estratégica e da demanda de variadas habilidades.
- Os jogos devem permitir que os participantes avaliem seu êxito. Devem ter um objetivo definido, bem como resultados claros e inequívocos. Por exemplo, ao lançarem objetos o mais alto possível, é interessante analisarem e compararem seu rendimento com relação a situações anteriores.
- Os jogos devem possibilitar a quantificação de resultados. Pode ser expresso, por exemplo, pelo número de pessoas que sobem no banco, pela distância de lançamento, pelo tempo de desempenho, etc. A função do resultado numérico é a comprovação da eficácia de diferentes estratégias, assim como a construção de um forte elemento motivacional em seu processo de construção coletiva.

Preparação do ambiente de jogo

A criação de um *meio ambiente facilitador* para a compreensão, a experiência satisfatória e a cooperação são fundamentais para o êxito de um programa de jogos sob o enfoque que defendemos. Devem-se adequar as tarefas às capacidades dos participantes, inclusive modificando regras, de maneira que os jogadores tenham êxito em sua participação, aumente a diversão, diminua o estresse e tenham motivação para se comprometerem seriamente com o jogo e o grupo. O reforço da confiança dos alunos em sua própria capacidade, a atenção aos sucessos físicos, cognitivos, afetivos e morais, bem como o aumento da responsabilidade sobre si e os outros, o respeito mútuo e o companheirismo são uma forma de construir um *meio ambiente facilitador*.

As explicações prévias sobre regras, objetivos e critérios devem ser breves e simples, destacando a segurança dos participantes. Os alunos precisam privilegiar esse item e, por isso, é importante o professor constatar se todos entenderam como deve ser sua atuação, para que ninguém se machuque.

A consciência de uma interdependência positiva por parte dos jogadores é um elemento-chave para falar de um verdadeiro ambiente cooperativo. Isso se obtém quando os jogadores se dão conta de que o êxito passa pela participação ativa de todos e que cada um tem uma contribuição a dar. Trata-se da compreensão de que "a união faz a força" e "eu sou parte dessa união e dessa força". Os próprios jogos cooperativos são contextos que podem conduzir a essa compreensão. Por exemplo: em um jogo coletivo, todos precisam participar para atingir o objetivo.

Os professores podem promover essa interdependência, destacando condutas desejáveis associadas à cooperação, como o apoio mútuo o respeito aos argumentos dos demais ou mostrando comportamentos prejudiciais, como desprezo pelas idéias alheias. Outra estratégia válida é incentivar a celebração dos êxitos e/ou do esforço realizado, porque reforça no aluno a idéia de que sua participação foi importante no sucesso coletivo, o esforço é valorizado e cada indivíduo é respeitado. Esse reconhecimento do esforço e o respeito mútuo promovem o compromisso com o grupo. Por último, pode-se propor a criação de interdependências imaginárias, explicando os jogos como situações de aventura imaginária em que o grupo deve superar (desafios) ou enfrentar rivais externos e ausentes. Estas estratégias podem ser úteis para fomentar a interdependência positiva.

ORIENTAÇÕES PARA INCENTIVAR A COMPREENSÃO ESTRATÉGICA E AFETIVA

Nossa proposta orienta-se para a aprendizagem da cooperação e suas vantagens no funcionamento de um grupo, através da compreensão da estratégia do jogo e da dimensão afetiva da dinâmica cooperativa desse processo. Muitas vezes, porém, a simples participação não tem implicação cognitiva e afetiva que conduza a uma compreensão educativamente valiosa. Para isso, o professor deve introduzir diferentes estratégias que contribuam para os alunos chegarem a ambas as formas de compreensão. As que propomos podem ser aplicadas tanto à compreensão afetiva quanto à estratégica, embora o melhor seja sua integração em uma mesma atuação.

A compreensão pode ser facilitada alternando-se a atuação nos jogos com reuniões em grupos reduzidos para concretizar a estratégia ou discutir questões sobre o funcionamento do grupo. Nessas reuniões, a discussão pode ajudar a considerar mais profundamente as idéias de cada um. O professor pode pedir aos alunos que argumentem em defesa de seus pensamentos. O surgimento de idéias nos pequenos grupos é o filtro final para o acordo sobre como o grupo atuará em conjunto. Essas reuniões não podem ser muito demoradas; por isso, o professor animará a reflexão coletiva ou mudará de estratégia se a disposição do grupo não for propícia para isso.

Outra estratégia é a intervenção dos professores mediante perguntas sobre os pontos fortes e fracos da estratégia utilizada ou outros aspectos que podem ajudar a um novo planejamento mais inteligente, assim como os comportamentos relacionados com a cooperação e o funcionamento do grupo. Essa forma de facilitar a compreensão pode exigir que o professor prepare perguntas ao final da aula ou da atividade. Mesmo que as respostas sejam corretas, não garantem a compreensão por parte de todos. Por isso, as intervenções deveriam se reforçar com conclusões ao final de cada aula sobre a experiência e as aprendizagens que se podem extrair.

Isso pode ser complementado com a elaboração de fichas em que se explique o jogo e as questões estratégicas, a participação, os sentimentos e as atitudes ou sua opinião sobre o funcionamento do grupo. Para grupos com certa maturidade intelectual, tal estratégia pode tomar forma de um diário de aula em que, de forma menos estruturada, pode recolher essas questões, entre outras. Ambas as estratégias evidenciam e incentivam a compreensão pela manipulação da informação para expressá-la com sentido para quem a produziu, bem como as relações entre o novo e o conhecido, e também a reflexão pessoal que conduz à tomada de consciência dos acontecimentos vividos. Por isso, a proximidade de sua elaboração aos acontecimentos narrados será uma questão que influirá na qualidade do resultado.

Em certos casos, especialmente para grupos experientes, maduros ou muito ativos, o processo de busca de estratégias mais efetivas sem a intervenção/ajuda dos professores pode incentivar igualmente a compreensão. Quando se participa sob esse nível de autonomia, podem-se buscar maiores níveis de compreensão na transferência de estratégias de um jogo a outro e, inclusive, na modificação dos jogos ou na criação de novos em que se possam aplicar estratégias já utilizadas. A vertente afetiva da compreensão também pode ser abordada se as mudanças ou o novo jogo se realizam para incluir companheiros com limitações e/ou deficiências.

AS CONTRIBUIÇÕES DA COMPETIÇÃO INTERGRUPAL

A combinação de uma estrutura competitiva com jogos cooperativos pode aparentar certa contradição. De certa forma, "esquece" a idéia de Orlick de jogar junto para superar desafios, em vez de contra. Um dos métodos mais usados na aprendizagem cooperativa (equipes-jogos-torneios) baseia-se na implantação de uma competição entre grupos. O entendimento é que a competição intergrupal, sob determinadas condições, tem vantagens, pois favorece a cooperação intragrupal e não apresenta inconvenientes da competição interpessoal. Além de reforçar os laços de cooperação, a do tipo intergrupal pode resultar em um potente elemento motivacional para o envolvimento dos alunos, a busca de soluções originais, a estimulação da dinâmica cooperativa e a interdependência positiva entre os membros do grupo.

Nossa interpretação consiste em informar o grupo dos resultados que obtêm outros grupos, fruto de seu "rendimento cooperativo". Em experiências anteriores, concluímos que essa forma de competição não entrou em conflito com os valores de cooperação, igualdade e participação satisfatória que pretendíamos transmitir (Sánchez Gómez, 2000). Uma possível explicação é que os jogadores se enfrentavam tendo como referência o resultado de outro grupo e não de si próprios de forma direta. Além disso, como não havia limites, os grupos optavam por "se especializar" em determinado(s) jogo(s), pois sempre obtinham algum resultado que os fazia sentir competentes, e não perdedores. Por outro lado, o resultado do grupo não era importante na avaliação, pois, desde o princípio, se destacou que a participação de todos, sua capacidade para cooperar, a originalidade das idéias e a qualidade dos trabalhos escritos eram os principais critérios de avaliação. Assim, o uso da competição intergrupal não é estritamente necessário, já que os alunos podem encontrar motivação suficiente nos próprios desafios dos jogos cooperativos ou no que supõem a respeito de outros jogos competitivos.

ANÁLISE DO PROCESSO

A aprendizagem, sua transferência a outros contextos e o crescimento pessoal podem ser facilitados depois de uma expressão cooperativa mediante a análise conjunta do processo. Essa análise pode abarcar uma reflexão sobre as experiências vividas, uma avaliação do positivo e do negativo, uma análise dos erros, fracassos e acertos, uma consideração do impacto das ações e decisões ou uma antecipação de como usar as novas aprendizagens.

Concretamente, sugerimos uma análise para demonstrar aos alunos a importância da cooperação. Isso implica que identifiquem o que fizeram e encontrem palavras para descrevê-lo através de estratégias já comentadas, como as fichas, os diários ou de forma oral. Tal processo pode ser mais ou menos diretivo, segundo a maturidade e a disposição dos alunos. Em qualquer caso, um bom começo é voltar a explicar o que aconteceu com perguntas simples sobre as ações de cada um e do grupo, acordos e decisões adotadas, desacordos e pontos de discussão, momentos mais difíceis, divertidos, frutíferos ou emocionantes, as idéias surgidas ou os resultados obtidos por meio dessas idéias.

Um segundo aspecto que ajuda a analisar o processo é identificar os componentes das habilidades físicas, intelectuais e interpessoais utilizadas. Para tanto, é possível discutir questões sobre como surgiram as idéias, quem as propunha, como se acertaram as estratégias, como foi a comunicação e a participação no grupo, como foram as atitudes entre os companheiros, que qualidades pessoais foram importantes, que habilidades físicas foram utilizadas ou como foram empregadas em função da estratégia. Para finalizar, é importante compreender, aprender e desenvolver a cooperação para que os alunos sejam capazes de identificar, atitudes e qualidades, assim como relacioná-las com comportamentos desejáveis para si próprios e/ou para seus companheiros. Uma reflexão individual sobre seus sentimentos, atitudes e condutas durante a experiência cooperativa, junto a conclusões por parte do professor, envolve e traz a cooperação e sua possibilidade de transferência a outros contextos, os quais constituem um apropriado ponto-final da análise de um processo de aprendizagem da cooperação.

Os alunos também podem/devem participar de outro aspecto fundamental da análise de como é a avaliação dos jogos do programa e sua coerência com os objetivos. Essa avaliação pode se basear nas opiniões dos jogadores sobre a atividade, se houve problemas de participação, se se sentiram inseguros por medo, se se divertiram, se o consideraram divertido, desafiante ou emocionante. Nas estratégias dos alunos, o tempo que lhes exige chegar a uma solução democraticamente aceita e comprovada na prática ou o número de tentativas solicitadas podem ser indicadores para analisar sua complexidade estratégica. Por último, uma análise global dessas questões junto à observação de seu funcionamento a respeito da aprendizagem da cooperação configura critérios suficientes para uma avaliação dos jogos.

UMA ILUSTRAÇÃO COM O JOGO COOPERATIVO DA "BANDEJA"

Carlos começa a aula dizendo aos alunos que conhecerão hoje o jogo cooperativo da "bandeja". Para isso, devem colocar o colchão no centro do ginásio e situar-se ao redor. Depois, diz-lhes que é um jogo em que todos perseguem o mesmo objetivo: o maior número possível de pessoas deve subir em um colchonete sem tocar o chão. Para começar, têm que ficar ao redor dele e levantá-lo à meia altura. A partir daí, os estudantes que quiserem subir já podem fazê-lo e pelo lado que desejarem, até que os companheiros que estão segurando o colchonete não consigam mantê-lo no ar. São advertidos de que é importante ter cuidado com a posição das costas e o mais seguro é mantê-las retas, com as pernas ligeiramente flexionadas e os braços estendidos, firmando-se na borda inferior do colchão ou deixando cair seu peso sobre os quadríceps. Finalizada a explicação, levantam o colchonete. Quando ele está no ar, os alunos se olham e dão risadas, porque ninguém sabe quem vai começar. Então, André se lança sobre o colchonete vazio, rodando em volta dele e provocando um primeiro afundamento, o que provoca reações dos colegas. Quando André está deitado no meio do colchonete, Amália sobe nele e também vai para o centro. O colchonete começa a afundar, Sara diz à Amália para ir para um lado, pois assim o colchonete não afundará no meio. Xavier sobe depois e se dá conta de que é melhor ficar longe de Amália e de André para que o peso se distribua melhor. O mesmo fazem Ana, Tamara e Raul. O peso de todos começa a ser excessivo para os que estão segurando o colchonete e ele começa a se aproximar do solo. Carlos os orienta a se organizarem melhor; Rosa anima-se a subir, mas não se dá conta de que, ao seu lado, deixa apenas três colegas e, quando sobe, o colchonete cai. Entre risos, todos se amontoam sobre ele e Carlos dá por finalizado o jogo, indicando-lhes que realizarão uma segunda tentativa, mas que, antes, se reunirão em pequenos grupos e prepararão uma estratégia para conseguir que mais de seis colegas subam no colchonete.

Depois de discutir durante vários minutos, Carlos sugere-lhes que cheguem a um acordo sobre as idéias surgidas em cada grupo para elaborar uma estratégia comum. A primeira que fala é Sara, e diz que em seu grupo opinam que é muito importante que os que subam se coloquem nas bordas do colchonete, para ficarem bem distribuídos. Ângelo pergunta se podem se sentar com os pés para fora, para ocupar menos espaço. Xavier afirma que, nesse caso, o colchonete seria mais difícil de se segurar. Carlos diz que tudo é válido, desde que seja sobre o colchonete e sem tocar o solo. Depois de várias opiniões, chegam ao acordo de que quem subir se inclinará e todos se distribuirão por todo o colchonete para dividir melhor o peso. Isidoro acrescenta que o importante é que os que subirem se distribuam pela superfície e que os que segurarem também se distribuam de forma equilibrada, em vez de ficarem muitos de um lado e poucos de outro. Carlos indaga se também é importante decidir quem sobe, como e em que ritmo. Alberto responde que é preciso subir mais rápido, para que os que estiverem segurando se cansem menos. Tamara diz que é melhor que suba primeiro quem é mais leve e o faça pelos cantos mais fáceis de segurar. Carlos sintetiza os princípios da estratégia elaborada e começa uma nova tentativa.

O resultado melhora, pois conseguem manter no ar duas pessoas a mais do que antes. Carlos indaga o motivo da melhora. Xavier responde que a explicação é realizar o jogo estando todos de acordo sobre o que fazer. Tamara acrescenta que as forças de várias pessoas que trabalham juntas são maiores que a soma de cada uma delas separadamente. Carlos destaca que nisso consiste cooperar, alcançar objetivos comuns mediante o esforço de todos. Pergunta ao grupo: "O que falta nas pessoas para cooperar com as outras?" Ana diz que o importante é chegar a um acordo, sem o qual não há cooperação. Tamara assegura que o básico é que todos se respeitem, escutem os outros e aceitem que ninguém tem sempre razão. Carlos os felicita pelas respostas, confirmando que são necessárias habilidades, atitudes e qualidades para trabalhar de forma cooperativa e que é preciso aprendê-las e praticá-las. "Por exemplo, vocês são bons jogadores cooperativos, porque escutam os outros quando falam, se animam, mantêm uma atitude amistosa e positiva, sabem se organizar e refletir em grupo. São atitudes importantes para uma boa cooperação. Mas o mais importante é que isso vale para outros momentos e lugares, como uma excursão ou a preparação de um trabalho de aula. São atividades em que é mais frutífera a cooperação de todos do que o trabalho isolado". Depois disso, toca o sinal e Carlos dá a aula por encerrada.

8
Do jogo ao esporte

JUAN ANTONIO MORENO MURCIA
PEDRO LUIS RODRÍGUEZ GARCÍA

INTRODUÇÃO

Um ponto de atenção especial na utilização do jogo no âmbito escolar são as relações com a aprendizagem esportiva, nas quais precisamos levar em conta uma série de aspectos para não desvirtuar os fins educativos das atividades lúdicas ou dos jogos de iniciação esportiva (Moreno e Rodríguez, 1996).

Todos temos consciência dos benefícios que as atividades físicas adequadamente planejadas podem originar na formação física e mental dos estudantes. Mas parece haver uma controvérsia em setores educativos especializados sobre os valores que tais atividades podem representar para as crianças. Não se questionam os efeitos positivos em nível corporal, mas o fato de que o esporte pode ser um veículo portador de valores antieducativos na formação das crianças. José María Cagigal (1959) afirmou: "Gritam uns contra o esporte adulterado, que identificam como profissionalismo. Outros contra tudo o que seja esporte, sempre que não guarde seu justo limite" e "O esporte é endeusamento do corpo; voltaremos ao paganismo; a um paganismo narcisista, cem vezes pior que o materialismo ingênuo de povos primitivos".

As palavras desse ilustre filósofo e pensador antecipavam-se ao seu tempo e são claramente significativas no tom de alarme que toda manifestação esportiva tem no âmbito educativo. Um "profissionalismo mercantilista" cheio de especulação e tensões que cerca o esporte de nosso tempo e absorve plenamente os diversos meios de comunicação, estendendo seus tentáculos para diversas manifestações esportivas que se produzem nos mais variados contextos. O esporte adulterado é o verdadeiro responsável por sua própria rejeição em ambientes educativos. Mas o educador deve saber reorientar a organização das atividades esportivas para dotá-las do incalculável valor educativo que possui, conforme destaca Cagigal (1983): "Os elementos substanciais que correspondem à conduta esportiva são o jogo, a atividade física e a competição. Há variações na preponderância de um ou outro elemento. No entanto, estes são os que permanecem, em meio à evolução histórica, como fundamentais na constituição da conduta esportiva".

Nessa linha de idéias, "o jogo se converte em juiz que marca uma clara diferença entre o esporte como fenômeno educativo e o esporte como espetáculo. O caráter lúdico converte-se em um dos nossos pontos de referência principais na atenção do esporte no âmbito educativo" (Rodríguez e Moreno, 1995).

O educador deve saber utilizar o jogo a fim de orientar e introduzir as atividades esportivas em um contexto educativo. Para isso, será destacada uma série de orientações que constituem a estrutura básica dos "jogos esportivos modificados".

Esperamos que essa contribuição possa dar resposta a algumas das dúvidas quanto à orientação que os jogos esportivos devem possuir no ensino básico e ajude a orientar as tarefas educativas sob estruturas lúdicas, essenciais durante as primeiras etapas educativas.

No ensino dos jogos esportivos, há muitas coincidências entre o que se realiza no ambiente escolar e o no federativo. Segundo Blázquez (1995), os objetivos tratam principalmente de ampliar o acervo de habilidades motoras e esportivas, aperfeiçoar e progredir na execução delas, fomentar uma boa disposição para o rendimento esportivo, favorecer a socialização-cooperação, desenvolver a emancipação e a autonomia, orientar e ajudar a adaptação esportiva e permitir a opção por uma possível especialização.

Apresentaremos uma classificação genérica, baseada em ações similares e componentes padronizados, fundamento para um plano de ensino inspirado no modelo compreensivo de Sánchez e Devis (1995) e Devis e Sánchez (1996).

CLASSIFICAÇÃO DOS JOGOS ESPORTIVOS

Hernández Moreno (1994) recolhe classificações que podem nos esclarecer qual foi a evolução mais contemporânea. Todas as classificações têm caráter interno, isto é, o critério seguido apresenta uma estrutura funcional da atividade ou o desenvolvimento dela. Entre os autores mais contemporâneos, destaca-se Bouet (1968), que reflete profundamente para classificar os esportes, dependendo da vivência que proporciona. Assim, divide os esportes em: combate, balão ou bola, atléticos e de ginástica, naturais e mecânicos. Durand (1969) divide-os em esportes individuais, de equipe, de combate e na natureza.

Outras classificações baseiam-se no grau de dificuldade da execução (Fitts, citado por Glasser, 1965), na continuidade ou no aumento da complexidade estrutural (Knapp, 1979), na periodicidade do treinamento (Matsiev, 1975) ou no tipo de comunicação entre o praticante e o ambiente (Thomaz, 1981). É Parlebas (1981) que vislumba uma classificação mais próxima à nossa. Este autor considera que toda satisfação motora é um sistema de interação global entre um sujeito atuante, o ambiente físico e o(s) participante(s) eventual(ais); portanto, o praticante é parte integrante do ambiente em que interatua de forma contínua com as outras pessoas e o meio.

Parlebas estabelece dois grandes grupos de atividades físicas e esportivas e oito categorias: grupos psicomotores, do indivíduo solitário (esqui, natação, ginástica artística) e sociomotora, que se subdivide em situações com cooperação entre os companheiros (remo), oposição contra os adversários (vela, motocross, judô, esgrima) e cooperação e oposição (vela, ciclismo, tênis).

Hernández Moreno e Blázquez em Hernández Moreno (1994) acrescentam dois elementos: a forma de utilizar o espaço e a participação dos jogadores, a fim de desenvolver o grupo correspondente aos esportes de equipe que ocorrem em um espaço padronizado.

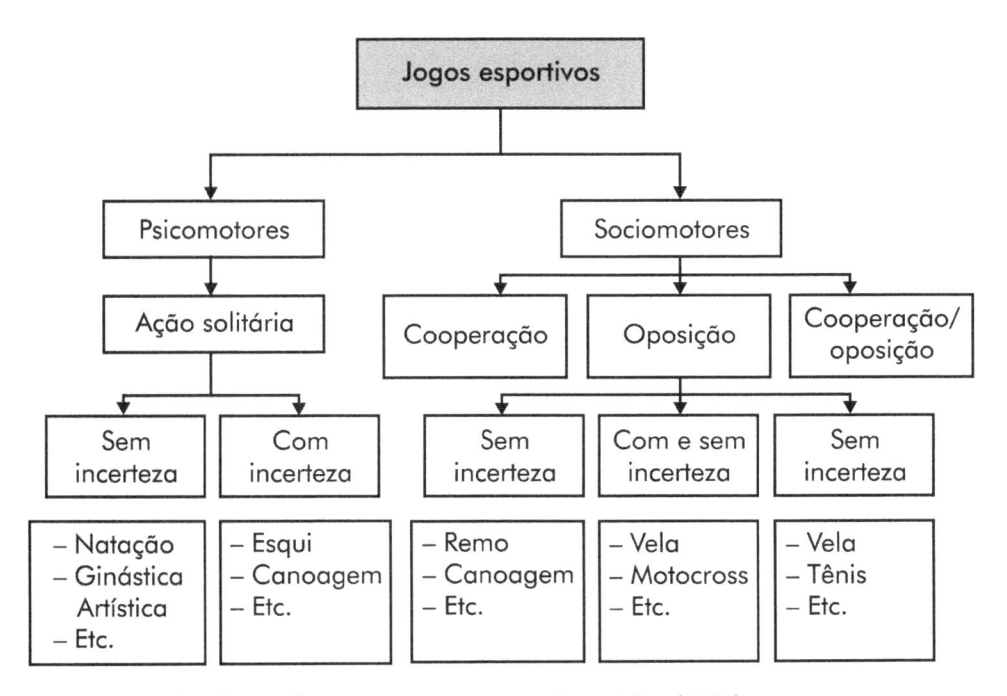

FIGURA 8.1 Classificação dos jogos esportivos segundo Parlebas (1981).

Sebastiani (1995) encontra grandes diferenças entre os grupos de esportes individuais, classificados por Parlebas, no que se refere à incerteza provocada pelo meio no qual se realizam. Assim sendo, caracteriza os esportes individuais em: de meio fixo (grande complexidade no mecanismo de execução e alta organização temporal, escassa exigência do mecanismo de percepção) e esportes individuais de meio variável ou flutuante (mesmo grau de organização, mas muitas vezes sem perder complexidade, risco e aventura, percepção e decisão devidas à instabilidade do meio, à dificuldade de definição de resultados obtidos em situações diferentes, à motivação e aos instrumentos ou máquinas de grande complexidade). Classifica-os em função da presença de outros esportistas (atuação solitária e simultânea com outros participantes) e em função da incerteza criada pelo meio, subdividindo-os em: com o meio fixo (sem objetos ou instrumentos para manipular e com a presença deles) e com o meio variável (com e sem objetos ou instrumentos).

Seguindo esta mesma linha, Amador (1995) propõe uma classificação dos esportes de luta: com derrubada (jogar o adversário ao solo), com golpes (com restrições) e luta com arma (intermediada por um objeto).

Ellis (1983), citado por Devis e Peiró (1992), estabelece outra classificação (Figura 8.2) dos jogos esportivos, em que trata principalmente dos coletivos. Cada uma tem uma problemática geral similar, assim como características e intenções básicas, contexto social e princípios ou aspectos táticos básicos semelhantes.

González (1996) utiliza a mesma classificação, porém com mudanças. Considerando a variedade de contextos lúdicos existentes, agrupa os jogos esportivos em oito categorias com base em elementos do jogo que determinam uma estrutura e uma lógica interna similar nos jogos esportivos de cada uma

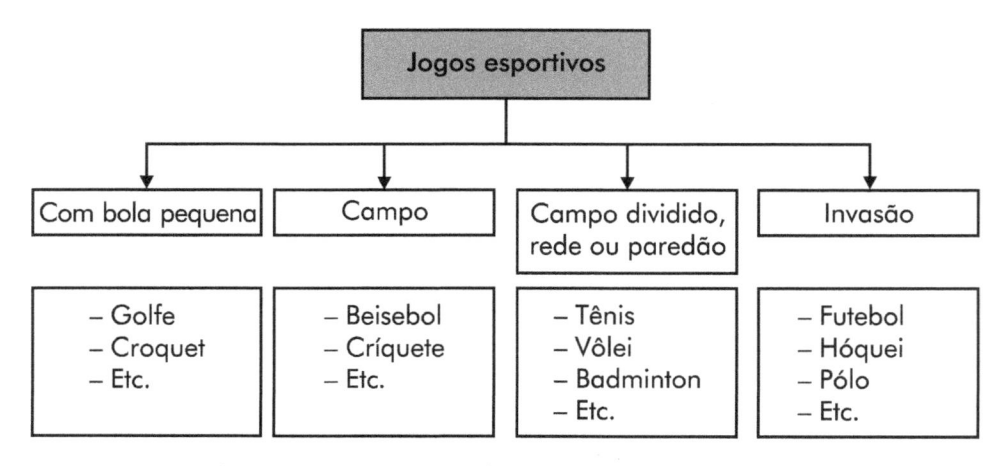

```
                          Jogos esportivos
                                 |
        ┌────────────────┬───────┴────────┬────────────────┐
   Com bola pequena    Campo      Campo dividido,      Invasão
                                   rede ou paredão
   – Golfe          – Beisebol     – Tênis           – Futebol
   – Croquet        – Críquete     – Vôlei           – Hóquei
   – Etc.           – Etc.         – Badminton       – Pólo
                                   – Etc.            – Etc.
```

FIGURA 8.2 Classificação dos jogos esportivos (modificado de Ellis, 1983, em Devis e Peiró, 1992).

delas e destacam uma problemática similar e princípios táticos comuns. Isso facilita o ensino e permite o reconhecimento pela criança da semelhança de determinadas situações lúdicas e da utilização dos mesmos princípios e meios para resolvê-las. A classificação é: com bolas pequenas (jogos de lançar materiais), de muro, de invasão de territórios, relevo, campo dividido, campo e invasão de balão.

Nos jogos com bolas pequenas, incluem-se aqueles em que dois jogadores ou duas equipes em um espaço de jogo comum participam de forma alternativa orientados pelo princípio geral de lançar ou bater em algo com um equipamento específico, com o objetivo de aproximar-se ou alcançar a meta no menor número de tentativas. Os jogos de paredão consistem em que dois jogadores ou duas equipes joguem, alternadamente, orientados pelo princípio de golpear a bola com a mão até uma parede fora do alcance do adversário. Nos jogos de invasão de território, incluem-se os orientados pelo princípio de chegar antes dos outros para conquistar uma zona privilegiada.

Os de perseguição visam deslocar-se rapidamente para tocar um jogador e colocar-lhe no papel de perseguido. Nos de relevo, duas ou mais equipes situam-se paralelamente em espaços diferentes e participam de forma simultânea para finalizar um percurso antes dos adversários.

Os de campo dividido consistem em que dois jogadores ou duas equipes lancem ou batam em uma bola com a mão ou em um objeto para que ultrapasse a linha, corda ou rede e caia do lado oposto.

Nos jogos de campo e bate, incluem-se aqueles em que duas equipes alternam os papéis de lançadores e jogadores de campo. É preciso lançar algo com a mão ou um instrumento fora do alcance dos adversários ou dificultar ao máximo sua devolução para realizar um percurso antes da devolução.

Os jogos de invasão com bola consistem em que a equipe conserve a bola e progrida até o campo contrário para marcar um tento.

Propomos a seguinte classificação (Figura 8.3):

1. *Jogos esportivos individuais*. São aqueles nos quais o indivíduo atua solitário e a incerteza está no espaço de ação ou no adversário. As categorias são as seguintes:
   - Jogos esportivos em função da presença de outros praticantes:
     • de ação alternativa (equitação, paraquedismo, etc.);
     • de ação simultânea (ciclismo, atletismo, etc.);
     • de adversário:
       – com derrubada (sumô, judô, etc.);
       – com golpes (boxe, karatê, etc.);
       – com arma (esgrima, etc.).
   - Jogos esportivos em função da incerteza do meio:
     • de meio fixo:
       – sem presença de objetos (salto em altura, natação, etc.);
       – com objetos (salto com vara, arco e flecha, etc.);

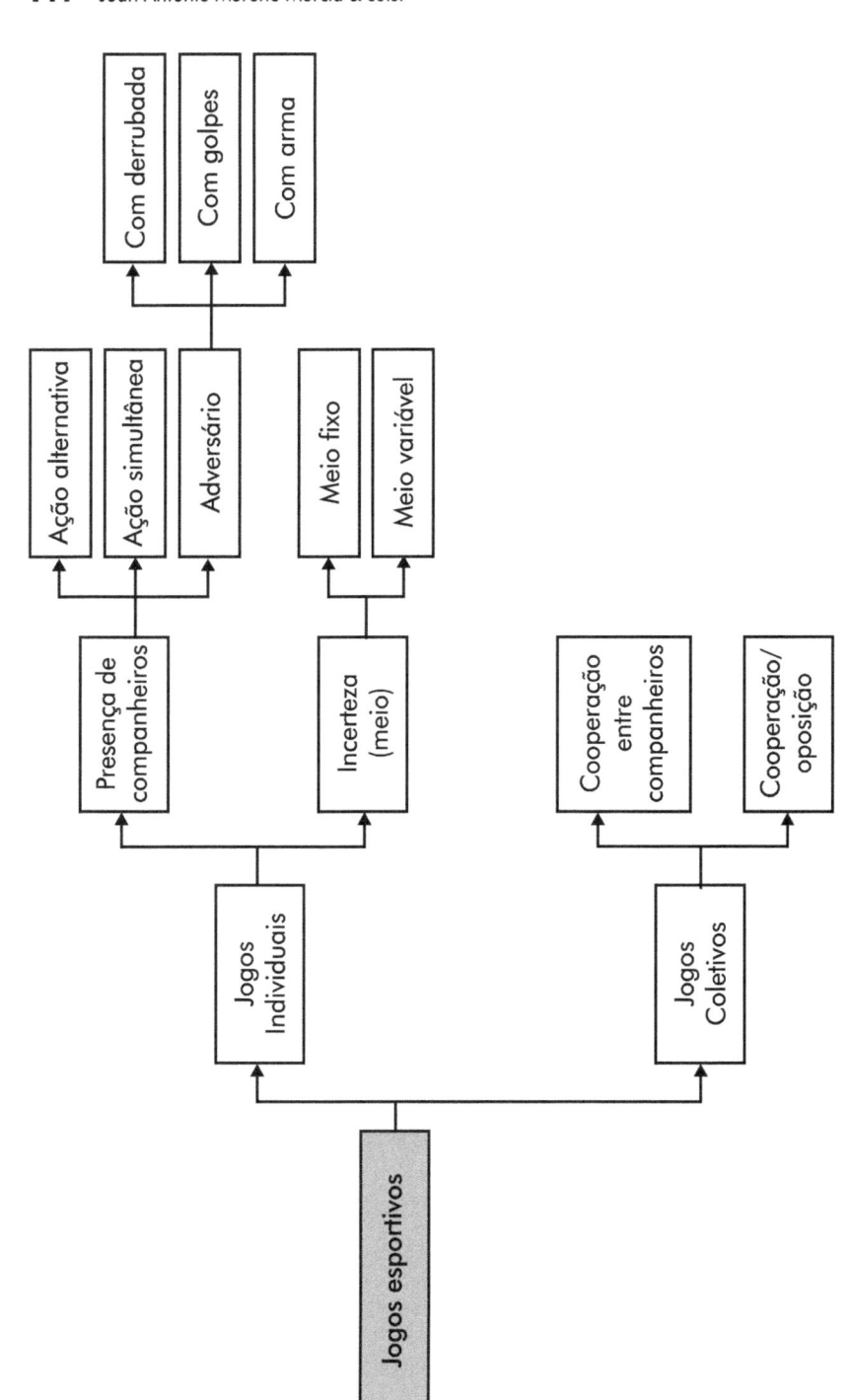

FIGURA 8.3 Classificação dos jogos esportivos.

- de meio variável:
  - sem objetos (escalada, natação, etc.);
  - com objetos (ciclismo, mergulho, etc.).
2. *Jogos esportivos coletivos*. São estruturas dinâmicas cujas transformações originadas em sua atividade dependem das interações dos participantes com relação à estrutura e considerando também o entorno ou meio que produz a ação (Hernández Moreno, 1987). As categorias são:
   - jogos esportivos de cooperação (canoagem, remo, etc.);
   - jogos esportivos de cooperação-oposição (futebol, basquete, etc.).

O modelo de ensino dos jogos esportivos que defendemos é baseado em um planejamento horizontal compreensivo (Devis e Sánchez, 1996), que, a nosso ver, permite uma organização das atividades a serem desenvolvidas.

PARA UM ENSINO COMPREENSIVO DOS JOGOS ESPORTIVOS

Tendo como referencial científico o enfoque psicológico construtivista inspirado na Lei Geral de Educação, o processo de ensino-aprendizagem dos jogos esportivos no ensino fundamental está calcado nos quatro princípios educativos que orientam o modelo de ensino (González, 1996): dotar de significado conteúdos e atividades, ensinar de forma que a aprendizagem faça sentido, ter significado para os praticantes e fomentar a comunicação e a interação em aula.

Dotar de significado os conteúdos e as atividades

Deve-se considerar a lógica interna dos jogos esportivos como critério para organizar a seqüência de conteúdos de ensino-aprendizagem. Ela não apresenta uma estrutura dos jogos esportivos linear e hierárquica, em cuja base estejam destrezas ou habilidades esportivas (técnicas esportivas), mas se realiza em torno dos princípios destinados a facilitar o ensino compreensivo dos diferentes jogos e a transferência das aprendizagens do aluno a situações lúdicas similares.

Deve-se adequar a seqüência de conteúdos ao nível de desenvolvimento e aprendizagem dos alunos, realizando uma seqüência cíclica dos conteúdos de forma espiral, de maneira que cada ciclo do ensino fundamental assuma os conteúdos do anterior, aumentando gradativamente o nível de complexidade e a especificidade.

Ensinar de forma que as experiências tenham sentido e significado para os alunos

Deve-se relacionar os conhecimentos prévios do aluno com os novos conteúdos e as vivências que constroem fora da escola, mostrando a relevância das aprendizagens, as possibilidades de transferência e aplicação no presente e no futuro. Tudo isso deve ser feito mediante o diálogo ou com a ajuda de material (pôsteres, leituras, etc.).

É necessário partir de um modelo integrado para o ensino dos jogos esportivos na linha de Bunker e Thorpe (1986), a qual se propõe partir da atividade global do jogo adaptando-a às possibilidades de execução e compreensão dos alunos.

Favorecer a atividade e a autonomia dos alunos

É preciso se concentrar na diversidade de aprendizagem dos estudantes, pois, considerando o papel ativo concedido ao sujeito que aprende, devemos propor diferentes jogos como situações-problema, utilizando a resolução de problemas, o descobrimento e a dinâmica de grupo como estratégias básicas. Tudo isso, por meio de diálogos, estimulará o pensamento divergente em aula, gerando a crítica curricular e social (Tinning, 1992) em relação à dinâmica da aula ou ao valor da competitividade em nosso contexto social (Pascual, 1992; González e López, 1994).

A reflexão e crítica do aluno facilitará a tomada de decisões, mediante as seguintes propostas (González, 1996): organização e gestão do jogo pelos alunos, trabalho autônomo e cooperativo com fichas e a auto-avaliação da aprendizagem.

Fomentar a comunicação e interação em aula

Propomos e utilizamos as seguintes estratégias: favorecer a cooperação e a participação dos praticantes e reduzir a competitividade e comparações entre os participantes.

Favorecer a cooperação e a participação entre os praticantes. Deve-se criar um clima social positivo, propondo jogos integradores que favoreçam a participação de todos e a co-educação. Deve-se potencializar o trabalho cooperativo em grupo e a tomada de decisões em cooperação, dando um papel ativo aos alunos na elaboração de regras. O estímulo ao diálogo, a reflexão sobre "jogo limpo" e a responsabilidade de todos favorecem a cooperação e a participação dos alunos no jogo.

Reduzir a competitividade e as comparações entre os participantes. Irá se minimizar o resultado, centrando-se no processo do jogo e nas conquistas pessoais. Irão se proporcionar relações de sucesso e fracasso equilibradas, com jogos reversíveis (alunos que possam pontuar para ambas as equipes).

PASSAGEM DO JOGO MOTOR AO ESPORTE ATRAVÉS DOS JOGOS ESPORTIVOS MODIFICADOS

De um ponto de vista tradicional, é comum o educador concentrar seu programa de jogos nos esportivos institucionais ou nos esportes e que aborde o ensino segundo o modelo tradicional baseado na aprendizagem das técnicas de forma isolada (García Fogeda, 1982) como passo prévio a uma integração posterior no contexto do jogo. Essa perspectiva tradicional é de que a iniciação esportiva da criança é pensada a partir da análise linear e hierárquica das práticas esportivas (Bonnet, 1988), em cuja base está a "técnica" como elemento mais simples do jogo que a criança tem de aprender, antes que comece a jogar (González, 1996).

Assim, a aprendizagem sistemática das técnicas codificadas converte-se no objetivo das programações. Dessa maneira, a imitação de um modelo exterior junto com a repetição da ação constituem-se nos principais meios de aquisição das aprendizagens esperadas. Esse modelo de ensino, mesmo referendado por trabalhos e pesquisas (Lempart, 1973; Fomin e Filin, 1975; Feige, 1978; Martin, 1981; Harre, 1983), não coincide com a proposta sobre a qual se apóia este trabalho.

Baseando-nos em autores contemporâneos (Devis e Peiró, 1992, 1994; Moreno, 1995a; Devis e Sánchez, 1996; González, 1996), consideramos que a utilização do jogo como passo prévio ao esporte passa pelo modelo de "jogo esportivo modificado", sustentado em um modelo compreensivo de seu ensino.

A base de aprendizagem motora da proposta dos jogos motores e dos esportivos sob um modelo compreensivo está na "Teoria do Esquema" (Schmidt, 1975), na qual a prática abundante e variável é a via mais adequada para favorecer a aprendizagem motora. Esse mesmo componente foi tratado por Ruiz (1995 e 1996) na aprendizagem motora e esportiva, para quem "a observação de situações de jogo infantil e do ensino de habilidades na infância nos manifesta o importante papel da prática na aquisição motora e também pode ser argumento para explicar as diferenças evolutivas na aprendizagem esportiva, ao dotar os sujeitos de um maior e melhor conhecimento sobre as ações".

Resumindo as contribuições de Ruiz (1996) sobre a variabilidade da prática na aprendizagem esportiva, variar as condições de prática consiste, para Scmidt (1988), em provocar novos parâmetros de resposta, conseguir que mediante certas variações o sujeito tenha que adaptar sua resposta e estabelecer novos parâmetros (velocidade, trajetória, força etc.). Assim, a prática variável supõe que as crianças empreguem seus recursos de processamento da informação para:

– Reconhecer as diferentes variações da tarefa em termos de semelhança ou diferença com o previamente praticado.
– Recuperarem sua memória de protótipos ou exemplos de experiências passadas com suas correspondentes conseqüências sensoriais.
– Decidir sobre o plano motor a ser executado, especificando seus parâmetros concretos em cada situação.
– Corrigir o movimento enquanto o está executando, ou posteriormente, atualizando seu plano motor.
– Avaliar as conseqüências e os efeitos de sua ação.
– Colocar em dia e revisar o esquema motor de resposta.

A aprendizagem esportiva pressupõe que o aprendiz entrou em contato com um mundo de ações diferentes, que devem ser ajustadas e adaptadas às demandas das numerosas e variáveis situações do jogo. Parece necessário, portanto, desenvolver uma estrutura de suporte (Bruner, 1970) de características altamente genéricas (trajetória de móveis, parâmetros materiais, posições no campo de jogo, distâncias sob as quais deve atuar, formas de atuar sobre os objetos, situações temporais e de espaço, etc.), como fizeram Carrasco (1972), Catteau e Garoff (1974), Whitting (1979), Bonnet (1983), Le Boulch (1991), Barreiros (1991), González Badillo (1991), Devis e Peiró (1992), Moreno e González (1994), entre outros, que permita à criança adaptar-se melhor a novas situações. Dessa maneira, será possível a capacitação das crianças para se adaptarem melhor a outras situações similares que a competição esportiva lhes apresentará, favorecendo o fenômeno da transferência e da adaptabilidade (Ripoll, 1982). Segundo Ruiz (1996), "se desconhece que quantidade de variações é aceita pelo sistema cognitivo-motor infantil, que organização da prática é a mais adequada nos diferentes momentos evolutivos ou que fatores são os que mais afetam o desenvolvimento da capacidade motora infantil quando são variados".

Talvez, como indica Ruiz (1996), Le Boulch (1991) foi um dos principais autores partidários de fazer a criança viver variadas situações concretas correspondentes à mesma estrutura motora, de maneira que apenas sejam retidos os caracteres comuns às mesmas. Há uma verdadeira abstração da situação e criação de um verdadeiro "esquema" caracterizado pela plasticidade e pelas possibilidades de generalização. Com Lee e Magill (1983 e 1985) se popularizou o papel do efeito da organização da prática na aprendizagem, na retenção e na transferência motora.

Esses autores demonstraram que a prática variável realizada em blocos pressupõe a execução de um mesmo padrão motor que envolva sinergias neuromotoras similares, enquanto a prática aleatória requer diferentes planos de ação e respostas motoras em sucessivos ensaios. Assim, quando o sujeito pratica de maneira aleatória, tem que realizar uma tarefa diferente em cada tentativa, o que provavelmente altera seu ritmo de prática e eleva o nível de incerteza sobre a tarefa a ser executada em cada ensaio, o que não favorece a preparação e a antevisão do que vai acontecer.

Esse planejamento coincide com nosso modelo do ensino dos jogos motores e esportivos, em que adquirem significado as ações realizadas pelos participantes, não através de uma repetição idêntica, mas pela construção de uma nova ação, que favorecerá a apreensão das aquisições (Bernstein, 1967; Pigott, 1985; Whiting, 1989).

No campo da aquisição das habilidades esportivas, o modelo compreensivo defende o ensino de habilidades esportivas "abertas" (Singer, 1975, 1986). Essas são descritas como as que devem ser realizadas em um ambiente incerto e em função das demandas de situação, devendo o participante antecipar-se e tomar decisões. Portanto, tal intervenção cognitiva enfatiza o vínculo entre a cognição e a ação (Newell, 1978) e converte as habilidades esportivas abertas nas mais significativas ao estabelecer a variação na prática (Pigott, 1985).

A aproximação das habilidades esportivas ao ensino, considerando a "teoria do esquema", tanto em jogos esportivos individuais como em coletivos, foi utilizada por vários autores no contexto espanhol. O professor Campos (1996) apóia o modelo dos jogos esportivos individuais nessa teoria em um trabalho progressivo que vai de uma prática inicial dos "fundamentos genéricos" aos "fundamentos específicos". Ele justifica a aprendizagem como um processo específico em que as habilidades esportivas são aprendidas através do estabelecimento de novas relações de movimentos coordenados (Riera, 1988). Nos jogos esportivos coletivos, ressaltamos Devis e Peiró (1995) como os precursores mais contemporâneos.

Cientes de que tal modelo seria de aplicação posterior ao domínio de todas as habilidades motoras que ocorrem no meio utilizado pelos alunos, queremos insistir em uma metodologia apropriada nessa etapa de formação. Nesse sentido, Read e Devis (1990) dão ênfase a três aspectos que podem favorecer uma mudança no ensino, de maneira que o jogador compreenda realmente o que está fazendo:

1. *A tomada de decisões e a formulação de conceitos por parte do aluno.* Esse novo enfoque orienta-se ao desenvolvimento da capacidade de discernimento, que somente pode ser conseguido através da prática motora de situações-problema. A criança é exposta a um jogo, sobre o qual começarão a surgir problemas, mas, sob a supervisão e o controle do educador, decisões de atuação são tomadas e orientadas pelo adulto.
2. *A compreensão dos contextos dos jogos esportivos.* O contexto de jogo é o meio que apresenta os problemas às crianças e no qual às adquirem seu significado completo.
3. *A importância da tática na iniciação esportiva.* Segundo a opinião dos autores, compartilhada por nós, a aprendizagem dos jogos esportivos evolui da tática à técnica, do "porquê" ao "quê".

É necessário conhecer a essência do jogo e seus princípios táticos, fornecidos por indicadores da tática esportiva (Riera, 1995), a fim de extrair maior proveito da técnica. Trata-se de aspectos contextuais que configuram a qualidade do entendimento do jogo, o envolvimento ativo inteligente e o domínio da habilidade. Proporcionam o ambiente adequado que incentiva a imaginação e a criatividade para resolver as diferentes situações de jogo (Arnold, 1985). Em geral, o jogador não reflete sobre problemas estratégicos, mas apenas se sente motivado pela atividade lúdica. No entanto, a influência do educador permitirá que o jogo se desenvolva em função do objetivo proposto, já que a criança não aprende a pensar se não lhe são exigidos atos mentais. A contribuição do educador consiste em criar uma situação problemática e conscientizar os participantes dela, conduzi-los às respostas a partir de seus próprios conhecimentos e analisar a solução descoberta e utilizada (Blásquez, 1986).

O âmbito teórico em que se baseia tal proposta é a criação de Bunker e Thorpe (1982, em Devís, 1990a), sob o qual se estabelece um modelo de ensino dos jogos esportivos (Figura 8.4), que destaca a importância da tática e da estratégia no contexto do jogo. Nesse modelo integrado, os aspectos contextuais criam demandas ou exigências problemáticas que devem ser solucionadas da melhor maneira possível. O passo seguinte é refletir sobre o resultado para obter uma boa compreensão do jogo ou começar a valorizar a importância instrumental da técnica, entendida a natureza da atividade. Para chegar ao modelo isolado, seria preciso conhecer os diferentes elementos que compõem

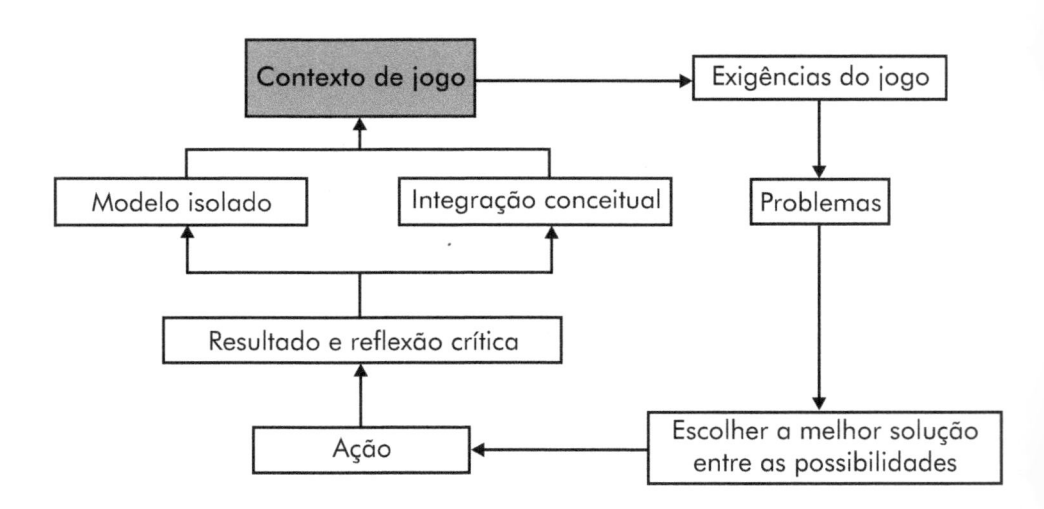

FIGURA 8.4 Modelo integrado (modificado de Bunker e Thorpe, 1982, em Devis, 1990b).

a técnica, podendo seguir o modelo tradicional de ensino, que parte da técnica para a tática.

Para concretizar todo o modelo integrado de ensino, é preciso partir de uma estrutura de jogos esportivos capaz de orientar a prática educativa para compreender os princípios táticos vinculados à natureza dos diferentes jogos esportivos. Mas também é necessário estabelecer uma mudança, adaptar os jogos aos praticantes, para que o modelo que parte da aprendizagem das ações motoras básicas, que passa ao conhecimento e à compreensão dos aspectos táticos e que termina na utilização da técnica para seu aperfeiçoamento, possa chegar à prática com alta percentagem de êxito (Devis, 1990b).

Os jogos sofrem uma adaptação ao grupo de jogadores de que dispõem, considerando as características e condições em que se encontra o grupo. Para a elaboração do jogo modificado, por exemplo, no futebol, produz-se uma modificação no material (goleiras menores, bolas oficiais trocadas por bolas adaptáveis às mãos e aos pés dos jogadores, como as de ginástica rítmica, ou de borracha, etc.), e também se reduz a área de jogo, as regras mudam (menos jogadores, variação de pontuação, etc.) e se mantém os princípios táticos principais das mais importantes formas de jogos esportivos (com e sem móvel, buscar espaços livres e profundidade, apoiar o companheiro, abrir o jogo, usar tipos diferentes de defesa etc.). Todas essas modificações, junto ao comentário contínuo das situações táticas observáveis durante o jogo e a reflexão sobre o caráter dinâmico e alterável segundo os espaços disponíveis, o número de jogadores, a intervenção do educador e a evolução dos participantes propiciam um excelente contexto para futuros jogadores.

Finalmente, deve-se evitar, ao animar as brincadeiras, exercer uma pressão sobre as crianças, o que poderia transformar o jogo inventivo em imitativo. Por isso, unimo-nos à proposta de Devis e Peiró (1992), dos "jogos esportivos modificados", como uma forma de atividade que conscientiza a criança, dá confiança nela e pela qual ela conhecerá melhor suas possibilidades e limites. Os jogos são, na maioria das vezes, esportes pensados e realizados pelos adultos de uma forma precisa nas competições, sendo impostos e não dando lugar à livre decisão de ação. Os jogos esportivos modificados favorecem a autonomia e a socialização da criança, condição mais realista para o seu desenvolvimento.

A alternativa proposta parte da idéia central de considerar que cada elemento do jogo somente adquire significado em relação ao conjunto e à totalidade, e que é a partir dessa totalidade e do jogo que se deve abordar o ensino e a aprendizagem compreensiva. Considerando o jogo como ponto de partida, a ênfase está no reconhecimento e na compreensão dos princípios gerais comuns aos jogos esportivos que devem orientar sua tomada de decisão e suas respostas, na transferência das aprendizagens a outras situações lúdicas similares (González, 1996).

CONSIDERAÇÕES METODOLÓGICAS NO ENSINO DOS JOGOS ESPORTIVOS

Sob o ponto de vista do ensino, considerando os jogos esportivos, se manterá como base a análise das situações-problema. Tornando participante o jogador, ele tomará decisões e estabelecerá juízos sobre ela (perguntar aos jogadores sobre as possíveis soluções). Tal procedimento facilitará a compreensão da situação e do contexto de jogo esportivo, conseguindo que a estratégia surja do aluno de forma compreensiva. Outro elemento que desempenha um papel importantíssimo é a consideração dos princípios táticos genéricos. A tática está sempre presente de forma continuada. Dessa maneira o educador deverá obter os esquemas táticos comuns de ataque e defesa a fim de ensinar aos jogadores as estruturas genéricas que facilitem a posterior aprendizagem das estruturas específicas que caracterizam os esportes.

Utilizando a proposta de classificação de jogos esportivos, mantendo como base o ensino através do jogo e considerando a evolução da criança, a progressão dos jogos esportivos com suas modificações correspondentes vai dos jogos individuais aos coletivos (Figura 8.5).

Essa evolução baseia-se no princípio que defende o trabalho da globalização antes da especificidade. Os jogos individuais precedem os coletivos, mesmo assim entendemos que o trabalho deve ocorrer, em uma primeira instância, com um início progressivo de complexidade tática e sob um enfoque em que

Jogos esportivos

Individuais
1. • De meio fixo
2. • De meio variável
3. • Com presença de companheiros alternadamente
4. • Com presença de companheiros simultaneamente
5. • De adversário:
6.   – De derrubar
7.   – De tocar
8.   – De golpe

Coletivos
9. • De cooperação
10. • De cooperação-oposição

Domínio dos jogos esportivos

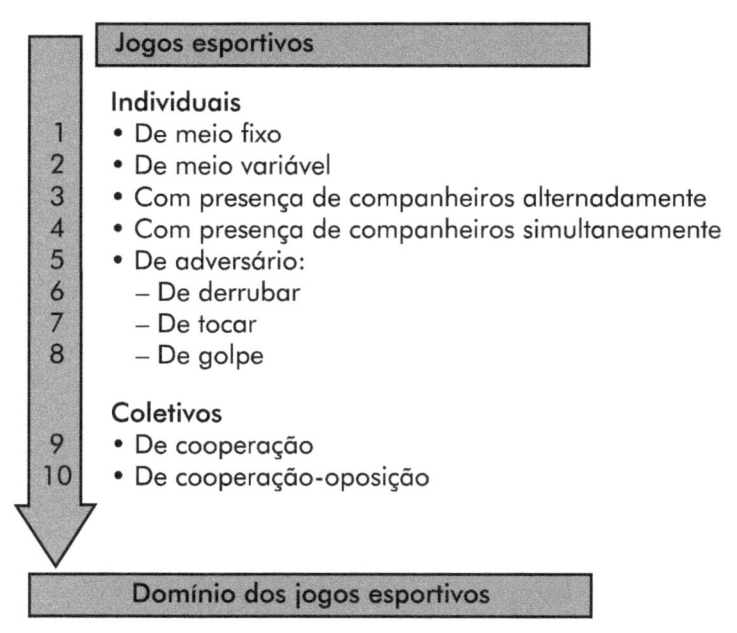

FIGURA 8.5 Progressão do ensino dos jogos esportivos modificados.

não se privilegie a técnica ou que ela apareça com um componente técnico muito reduzido. Essa ordem pode ser modificada pelo educador em função das características dos participantes e de seu ambiente, inclusive apoiamos que vários jogos sejam iniciados ao mesmo tempo.

Para a elaboração dos jogos esportivos modificados, consideramos de vital importância que exista uma modificação das estruturas básicas que caracterizam os jogos esportivos, como espaço, tempo, número de jogadores, material, estratégias. Enquanto as regras e a técnica surgirão quando os praticantes as necessitarem para progredir em sua aprendizagem.

Sob essa nova perspectiva, o educador deve ser um contínuo observador de tudo o que acontece no desenvolvimento das práticas. Esses dados, unidos às contribuições dos alunos, ajudarão a interpretar alguns avanços dos participantes. Tal procedimento facilitará uma posterior avaliação do processo que, através do trabalho de outros educadores e com os alunos e, também, pelas análises qualitativas e quantitativas, estabelecerá as bases para posteriores revisões dos planejamentos desenvolvidos.

Em um planejamento compreensivo dos jogos esportivos, apostamos em uma avaliação qualitativa e quantitativa, baseada na metodologia observacional. Em trabalhos anteriores (Rodríguez e Moreno, 1997a, 1997b), introduzimos uma solução similar por meio do estabelecimento de categorias em um exemplo de jogo coletivo (vôlei). Com essas contribuições se estabelece uma análise exclusivamente técnica, sendo preciso progredir em novos estudos baseados na análise de modelos de avaliação tática ou de etapas de formação.

Esses sistemas de registro possibilitarão a avaliação da eficácia dos participantes nos jogos esportivos, mas também podem ser utilizados para a análise pormenorizada de um determinado jogador. Conforme um ou outro modelo de análise, serão necessárias diferentes formas de organização.

A observação de um jogador poderá ser feita por um único observador bem-treinado, que anotará todas as intervenções deste jogador (objeto de análise) na folha de registro, assinalando as pontuações obtidas em cada categoria. Para a observação de uma equipe completa, serão empregadas as mesmas categorias estabelecidas, sendo importante, nesse caso, o conhecimento dos aspectos táticos dos observadores que analisam cada equipe. Nesse sentido, é imprescindível a presença de no mínimo dois observadores por equipe, divididos na análise das categorias de forma alternada, a fim de facilitar as anotações. Uma possível forma de distribuição para o controle de uma equipe seria a seguinte:

- Observador 1: marcação, abertura de espaços, ajudas ofensivas, etc.
- Observador 2: ajudas defensivas, fechamento de espaços, pressão defensiva na zona de mobilidade, etc.

Em seguida, deve ser estabelecida a correspondente análise das ações pela equipe ao longo dos períodos de jogo desenvolvidos, bem como uma análise pormenorizada de tudo o que possa ser útil para o planejamento da estratégia de jogo. A folha de registro utilizada será similar à empregada para a análise de desempenho individual.

É necessário que o educador anote em um "caderno de campo" tudo o que for observado no desenvolvimento das ações do jogo. Quando houver uma ação digna de ser compreendida, o educador demandará atenção de seus alunos com dúvidas sobre possíveis soluções. Deverá coletá-las dos participantes e, assim, verificar a evolução na compreensão dessa situação tática. Paulatinamente, poderá ser contrastado o grau de melhora na assimilação dos princípios básicos planejados pelo educador.

No avanço e na melhora dos jogos esportivos modificados, estabelecemos aspectos que possam ajudar na prática. Segundo a evolução anteriormente estabelecida na progressão para a compreensão da totalidade dos jogos esportivos, temos as seguintes considerações:

- *Jogos esportivos individuais de meio fixo.* Pela estrutura interna, esses jogos possuem ampla variedade. Por isso, é complexo o desenvolvimento de modelos de trabalho que tenham padrões comuns de execução transferíveis a categorias de jogos esportivos. Tais jogos podem ser submetidos à variação das principais constantes definidoras. Entre as mais importantes, há o espaço e o material (móvel). Não podemos esquecer que nesses jogos será produzida uma melhora substancial no processo sob a automatização coordenada das ações concretas que definem cada disciplina, sem uma transferência direta para outros jogos enquadrados no mesmo grupo. Poderão ser planejados de forma que os participantes atuem alternada ou simultaneamente.
- *Jogos esportivos individuais de meio variável.* O desenvolvimento da prática se dará sob os mesmos padrões de intervenção. Deve-se ressaltar a necessidade de estabelecer uma grande variedade em relação às condições espaciais em que se desenvolve a atividade. Esses jogos poderão ser planejados de modo que os participantes atuem de forma alternada ou simultânea.
- *Jogos esportivos individuais de adversário.* Planejamos uma iniciação a esses jogos sob a seguinte progressão: de tocar, de derrubar e de golpes.

Os planejamentos nos jogos esportivos de derrubar têm como objetivo levar o adversário ao chão. Partiremos da conjugação de todas as formas de pegar e dos objetos utilizados para o desenvolvimento desses jogos. Inicialmente são contatos físicos em geral. Quando estejam compreendidos os contatos corporais básicos, poderemos passar para situações de contato mais específicas, utilizando para tais situações objetos embalados. As formas de como derrubar evoluirão de posições com o centro de gravidade sob determinadas situações.

Nos jogos esportivos de tocar, poderá ser estabelecida uma variação dos materiais a serem usados. Passamos das mãos, dos pés e de outros segmentos corporais a utensílios. O espaço é outro elemento decisivo. Passaremos de amplos cenários (dominados pela mobilidade global do sujeito) a espaços reduzidos (nos quais dominará o utensílio). A zona estabelecida para tocar evoluirá da totalidade do corpo à redução de zonas corporais. Destacamos o aproveitamento e a necessidade de uma boa mobilidade no espaço de jogo, rapidez na execução de ações, manobras de despiste do adversário em suas diferentes manifestações. Para ressaltar um aspecto tático essencial, é necessário destacar as situações de tocar sob condições de execução de interesse para o educador.

Os jogos de golpe pressupõem uma forma de continuação dos jogos de tocar, para o qual é necessário uma formação mais ampliada dos participantes para seu emprego, já que é importante o fato de acatar até os extremos as regras planejadas pelo educador. Do mesmo modo, exige um alto controle das execuções por parte do participante, evitando lesionar os adversários. As condições de realização ajustam-se ao planejamento anterior. O material a ser utilizado deve estar convenientemente acondicionado para seu emprego, evitando lesões por contato.

– *Jogos esportivos coletivos de cooperação.* São uma série de jogos de alto interesse no contexto educativo, visto que fomentam o trabalho coletivo em busca de determinado objetivo. A introdução a essa série de jogos estará marcada por uma progressão de dificuldade em relação às interações motoras intragrupais geradas pelos participantes, a complexidade dos elementos a utilizar durante o desenvolvimento deles e o espaço no qual se desenvolve a atividade. Os jogos serão iniciados mediante a cooperação entre dois companheiros que devem solucionar uma tarefa. Nessa fase, introduzem-se poucos elementos materiais para mobilizar ou que suponham um estímulo de atenção para os integrantes do grupo. Por outro lado, o espaço deve ser fixo e controlado pelos participantes. Um segundo nível de complexidade supõe a adição de outros participantes nas tarefas, bem como a introdução de um maior número de elementos materiais. Uma forma válida de aumentar a complexidade para níveis superiores será centrada em várias condições de espaço em que se desenvolve a atividade.

– *Jogos esportivos coletivos de cooperação-oposição.* São geradas relações motoras intergrupais de alta complexidade. É importante seguir um modelo de intervenção adequado para conseguir o máximo aproveitamento de compreensão das relações táticas produzidas nesses jogos. Para tanto, devem ser modificadas as condições espaciais nas quais se desenvolve o jogo, adaptados os materiais e móveis a serem utilizados, variar o número de participantes que se integram ao jogo e empregar adequadamente as regras para orientar a atividade na direção das linhas de aprendizagem desejadas.

É importante que toda essa série de variações se estabeleça para conseguir uma adequada assimilação das relações motoras intergrupais que outorguem alto grau de riqueza tática aos participantes. Inicialmente, o espaço de jogo deve ser reduzido para facilitar a orientação e as percepções espaço-temporais dos participantes. Com espaço reduzido, os estímulos efetivos estão sob controle dos participantes e se reduzem as exigências físicas para destacar os aspectos de natureza perceptivo-coordenativos. Do mesmo modo, a cooperação-oposição será planejada sob progressão crescente dos membros participantes. A progressão que estabelecemos consiste em enfrentamentos 2x2, que seriam progressivamente aumentados conforme forem assimiladas as pautas de movimento tático desejadas. Depois disso, companheiros e rivais (3x3, 4x4, 5x5) seriam acrescentados até chegar a situações em que há uma descompensação de participantes que desperte estruturas táticas defensivas ou ofensivas.

Os móveis e os materiais disponíveis não devem supor um obstáculo inicial para o sujeito que aprende. Ao contrário, devem ser adaptados às suas condições técnicas e físicas. Dessa forma, chega-se ao emprego de materiais concretos da atividade esportiva em questão, inclusive constituindo esses materiais como elementos de oposição que dêem complexidade às atividades a realizar. Quanto às regras, elas devem seguir uma progressão que vá da permissividade e modificação (para facilitar um processo de aprendizagem) até a suposição de um elemento que gere dificuldades em uma determinada faceta do jogo. Quanto à técnica, deve-se considerar que ela precisa ser um elemento a serviço da tática e que se deve planejar sua melhora como "trampolim" para adquirir novas situações táticas em níveis superiores.

Ao longo de todo este capítulo, abordamos uma metodologia de ensino dos jogos esportivos baseada na reflexão com a pretensão de estimular o debate e abrir vias de comunicação e colaboração entre os diferentes educadores.

Referências

Aberastury, A. (1986). *El niño y sus juegos*. Buenos Aires: Paidós.

Acton, H.M. y Zarbatany, L. (1988). Interaction and performance within cooperation groups: Effects on nonhandicapped students' attitudes toward their mildly mentally retarded peers. *American Journal of mental retardation*, 93(1), 16-23.

Almenzar, M.L. (1998). *Un modelo didáctico innovador de Educación Infantil para la Comunidad Autónoma de Andalucía*. Tesis Doctoral Inédita. Madrid: UNED.

Almenzar, M.L.; Gervilla, M. y Merino, C. (1993). *Proyecto Curricular de Educación Infantil*. Madrid: Escuela Española.

Alverman, D.E.; Dillon, D.R. y O'Brien, D. V. (1990). *Discutir para comprender: El uso de la discución en el aula*. Madrid: Visor.

Amador, F. (1995). La enseñanza de los deportes de lucha. En D. Blázquez (Ed.), *La iniciación deportiva y el deporte escolar* (pp. 351-368). Barcelona: Inde.

Arcusa, M. (1990). Dejemos que los niños jueguen. *Comunidad Educativa*, 182, 27-29.

Arnold, P.J. (1985). Rational plannning by objectives of the movement curriculum. *Physical Education Review*, 6(1), 50-61.

Arnold, P.J. (1991). *Educación Física; movimiento y currículum*. Madrid: Morata.

Asquith, A. (1991). Los juegos en la escuela primaria. Una evaluación de cómo se los encara. *Stadium*, 25, 147, 31-35.

Ausubel, D. (1983). *Psicología educativa: un punto de vista cognoscitivo*. México: Trillas.

Bajo, F. y Beltrán, J.L. (1988). *Breve historia de la infancia*. Madrid: Temas de Hoy.

Bally, G. (1973). *El juego como expresión de libertad.* México: F.C.E.

Bandet, J. y Abbadie, M. (1983). *Cómo enseñar a través del juego*. Barcelona: Fontanella.

Bardají, M.A. (1996). *Educación Física. Proyecto curricular didáctico para el tercer ciclo de enseñanza primaria (10-12 años)*. Barcelona: Paidotribo.

Barreiros, J .M.P. (1991). *A variabilidade das condições de prática em crianças e adultos*. Tesis Doctoral. Facultade de Motricidade Humana. Lisboa: Universidade Técnica de Lisboa.

Barrón, A. (1991). Constructivismo y desarrollo de aprendizajes significativos. *Revista de Educación*, 294, 301-324.

Bateson, G. (1958). *A theory of Play and Fantasy*. Nueva York: Rondom House.

Batllori, J.M. y Batllori, J. (1998). *Los bebés también juegan*. Barcelona: Martínez Roca.

Bay-Hinitz, A.K.; Peterson, R.F. y Quilitch, H.R. (1994). Cooperative games: A way to modify aggressive and cooperative behaviors in young childrens. *Journal of applied behavior analysis, 27 (3)*,435-446.

Belka, D.E. (1994). *Teaching children games. Becoming a master teacher: Human Kinetics*. Champaign. Illinois.

Beltrán Llera, J. (1991). Sentido psicológico del juego. En T. Andrés Tripero (Ed.), *Juegos, juguetes y ludotecas* (pp. 11-28). Madrid: Publicaciones Pablo Montesino.

Beme, E. (1996). *Psicología de las relaciones humanas*. México: Diana.

Bernstein, N. (1967). *The co-ordination and regulation of movement*. Londres: Pergamon Press.

Betancor, M.A. y Vilanou, C. (1995). *Historia de la E.F. y el deporte a través de los textos*. Barcelona: PPU.

Blanchard y Cheska (1986). *Antropología del deporte*. Barcelona: Bellaterra.

Blández, J. (2000). *Programación de unidades didácticas según ambientes de aprendizaje*. Barcelona: Inde.

Blázquez, D. (1986). *Iniciación a los deportes de equipo*. Barcelona: Martínez Roca.

Blázquez, D. (1995). Métodos de enseñanza de la practica deportiva. En D. Bláquez (Ed.), *La iniciación deportiva y el deporte escolar* (pp. 251-286). Barcelona: Inde.

Bhüler, Ch. (1931/1946). *Infancia y Juventud*. Madrid: Espasa Calpe.

Bonet, J. (1990). ¿Sabéis jugar? *Comunidad Educativa*, 183, 1-4.

Bonnet, J. (1988). Les différentes analyses des disciplines sportives. En J. Bonnet (Ed.), *Vers une pédagogie de l'acte moteur* (pp. 65-98). Paris: Vigor.

Bonnet, J.P. (1983). *Vers une pédagogie de l'acte moteur: Réflexions critiques sur les pédagogies sportives*. Paris: Vigot.

Borja, M. (1985). Situación española. En J. November (Ed.), *Experiencias de juego en preescolares* (pp. 147-152}. Madrid: Morata.

Bouet, M. (1968). *Signification du sport*. Paris: P.U.F.

Bríto, L.F. (2000). El juego: una propuesta metodológica activa. *Revista Digital Lecturas: Educación Física y Deportes, 5, 22*. www.efdeportes.com/efd22/eljuego.htm.

Bronfenbrenner, U. (1979/1987). *La ecología del desarrollo humano*. Barcelona: Paidós.

Brown, G. (1992). Qué tal si jugamos... otra vez. *Nuevas experiencias en juegos cooperativos en la educación popular*. Buenos Aires: Humanitas.

Bruner, J. (1970/1984). El desarrollo y estructura de las habilidades. En J.L. Linaza (Ed.). *J. Brunner: Acción, pensamiento y lenguaje* (pp. 75-100). Madrid: Alianza Editorial.

Bruner, J. (1997). *La educación, puerta de la cultura*. Madrid: Visor.

Brunner, J.S. (1972). *El proceso de educación*. México: Uteha.

Bueno, E. (2000). Los juegos en educación ambiental. *La carpeta informativa, enero*, 237-239.

Bueno Moral, M.L.; Campuzano, J.; Fontecha, C.; Manchón, J.O.; Moral García, P.; Perona, M.; Rico Pérez, I.; Ruiz Pérez, L.M. y Vázquez Gómez, B. (1990). *Educación Primária. Educación Física. Segundo Ciclo: 8 a 10 años*. Madrid: Gymnos.

Bunker, D. y Thorpe, R. (1986). The Curriculum Model. En R. Thorpe, D. Bunker y L. Almond (Eds.), *Rethinking Games Teaching* (pp. 7-10). Loughborough: Loughborough University.

Burrows, L. (1986). A teacher's reaction. En R. Thorpe, T. Bunker y L. Almond (Eds.) *Rethinking games teaching. University of Technology*. Loughborough. England, 45-51.

Butler, J. (1997). How would Socrates teach games? A constructivist approach. *JOPERD*, 68 (9), 42-47.

Buytendijk, F.J. (1935). *El juego y su significado*. Madrid. Revista de Occidente.

Cagigal, J. M. (1959). Aporías iniciales para un concepto de Deporte. En *Citius, Altius, Fortius*. Madrid: INEF.

Cagigal, J.M. (1983). El deporte contemporáneo frente a las ciencias del hombre. En *I Simposio Nacional el Deporte en la Sociedad Española Contemporánea*. Madrid: Instituto de Ciencias de la Educación Física y del Deporte. Consejo Superior de Deportes.

Cagigal, J.M. (1996). *Obras completas*. Madrid: COI.

Caillois, R. (1958). *Teoría de los juegos*. Barcelona: Seix Barral.

Caillois, R. (1967). *Los juegos y los hombres*. F.C.E.: México.

Campos, J. (1996). El aprendizaje de los deportes individuales. En J.A. Moreno y P.L. Rodriguez (Eds.), *Aprendizaje deportivo* (pp. 205-218). Murcia: Universidad de Murcia.

Cañal, P. y Porlan, R. (1987). Investigando la realidad próxima: un modelo didáctico alternativo. *Enseñanza de las ciencias*, 5 (2), 89-96.

Cañeque (1991). *Juego y vida*. Buenos Aires: Ateneo.

Carranza Gil-Dolz, M.; Bantula lanot, I.; Busto Marchante, C. y Yallés Casademont, C. (1996). *La Educación Física en el Segundo Ciclo de Primaria. Desarrollo Curricular*. Barcelona: Paidotribo.

Carrasco, R. (1972). *Essai de systematique d'enseignement de la gymnastique aux agrés*. París: Yigot.

Carratalá, Y. (1997). *La influencia de los agentes sociales en la participación deportiva en la adolescencia*. Tesis doctoral no publicada. Universidad de Valencia.

Cascón, P. y Martín, C. (1995). *La alternativa del juego I. Juegos y dinámicas de educación para la paz*. Madrid: Los libros de la catarata.

Case, R. (1989). *El desarrollo intelectual. Del nacimiento a la edad madura*. Buenos Aires: Paidós.

Castañer, M. y Camerino, O. (1996). *La Educacián Física en la Enseñanza Primaría*. Barcelona: Inde.

Castellote, R.M. (1996). *Juegos de los indios americanos*. Madrid: Miraguano.

Catteau, R. y Garoff, G. (1974). *L'enseignement de la natation*. París: Yigot.

Chateau, I. (1973). *Psicología de los juegos infantiles*. Buenos Aires: Kapeluz.

Claparede (1932/1975). *La educación funcional*. Madrid: Cátedra.

Coakley, J.J. (1990). *Sport in society: Issues and controversies*. St. Louis: Times Mirror/Mosby.

Coakley, J.J. y Westkott, M. (1984). Opening doors for women in sport: An alternative to old strategies. In D.S. Eitzen (Ed.), *Sport in contemporary society* (pp. 77-90). NewYork: St. Martin's Press.

Cobo, S. (1986). *Interdiscipinariedad y Universidad*. Madrid: Universidad Pontificia.

Coca, S. (1993). *El hombre deportivo*. Madrid: Alianza Deporte.

Colectivos de educación y no violencia (sin fecha). *¿Jugamos a la paz? El libro de los juegos cooperativos*. Madrid.

Conde, J.L. (1994). *Cuentos motores*. Vol. I y II. Barcelona: Paidotribo.

Conde, J.L.; Martín, C. y Viciana, V. (1997). *Las canciones motrices*. Barcelona: Inde.

Conde, J.L.; Martín, C. y Viciana, Y. (1998). *Las canciones motrices II*. Barcelona: Inde.

Conde, J.L. y Viciana, V. (1997). *Fundamentos para el desarrollo de la motricidad en edades tempranas*. Málaga: Aljibe.

Conde, J.L. y Viciana, V. (1997). El juego como vehículo para la adquisición de los aprendizajes: mito o realidad al alcance de todos los educadores. En R. Gómez-Camerino (Ed.), *1as Jornadas Mitos y Tabúes en la infancia y adolescencia* (pp. 81-99). Granada: FETE-UGT.

Conde, J.L.; Viciana, V. y Calvo, M.L. (1999). *Nuevas canciones infantiles de siempre*. Málaga: Aljibe.

Contreras, O.R. (1997). Didáctica de la Educación Física. En F.J. Castejón (Ed.), *Manual del Maestro Especialista en Educación Física* (pp. 229-260). Madrid: Pila Teleña.

Contreras, O.R. (1998). *Didáctica de la Educación Física. Un enfoque constructivista*. Barcelona: Inde.

Corominas, J. (1967/1984). *Breve diccionario etimológico de la lengua castellana*. Gredos: Madrid.

Corpas, F.J.; Toro, S. y Zarco, J.A. (1994). *Educación Física en la Enseñanza Primaria*. Málaga: Aljibe.

Corredor Matheos, J. (1983). Jugar y jugar. *Cuadernos de Pedagogía nº 98*.

Cratty, B. (1982). *Desarrollo perceptual y motor en los niños*. Buenos Aires: Paidós.

Cratty, B.J. (1974). *Juegos didácticos activos*. México: Pax México.

Cratty, B.J. (1979). *Juegos escolares que desarrollan la conducta*. México: Pax México.

Cratty, B.J. (1982). *Desarrollo perceptual y motor en los niños*. Barcelona: Paidós.

Crossley, D. (1988). Unorganized sport as a model of political values. In S. Ross y L. Charette (Eds.), *Persons, minds, and bodies* (pp. 183-190). North York, ON: Univ. Press of Canada.

Cruz, J.; Boixadós, M.; Torregrosa, M. y Mombrero, J. (1996). ¿Existe un deporte educativo?: Papel de las competiciones deportivas en el proceso de socialización del niño. *Revista de Psicología del Deporte, 9/10*, 111-132.

Csikzentmilhalyi, M. (1997). *Fluir*. Barcelona: Kairós.

Davis, M.D. (1971/1977). *Teoria de los juegos*. Madrid: Alianza.

Decroly, O. y Monchamp, E. (1986). *El juego educativo. Iniciación a la actividad intelectual y motriz*. Madrid: Morata.

Decroly, O. y Monchamp, 0. (1986). *El juego educativo*. Madrid: Morata.

Dehoux, L. (1965). *Sobre la etimología de Educación Física*. Madrid: Citius, altius, fortius, t. VII, fas. 3, 301-326.

De la Torre, E. y Hernández Álvarez, J.L. (1996). La iniciación deportiva y los elementos curriculares del Area de Educación Física en Primaria. (Decreto de la Comunidad Autónoma Andaluza). En A. Díaz (Ed.), *El Deporte en Educación Primaria* (pp. 115-132). Murcia: DM.

Delgado, J.M.R. (1991). *La felicidad*. Madrid: Temas de hoy.

Delgado, F. y del Campo, P. (1993). *Sacando jugo al juego*. Barcelona: Integral.

Delval, J. (1994). *El desarrollo humano*. Madrid: Siglo XXI.

Devereux, E. (1976). Backyard vs. little league baseball: The impoverishment of children's games. In D. Landers (Ed.), *Social problems in athletics* (pp. 37- 56). Champaign, Il.: University of Illinois Press.

Devís, J. (1990a). Renovación pedagógica en la Educación Física: hacia dos alternativas de acción II. *Perspectivas, 5*, 13-16.

Devís, J. (1990b). Renovación pedagógica en la Educación Física: hacia dos alternativas de acción I. *Perspectivas 4*, 5-7.

Devís, J. (1992). Bases para una propuesta de cambio en la enseñanza de los juegos deportivos. En J. Devís y C. Peiró (Eds.), *Nuevas perspectivas curriculares en Educación Física: La salud y los juegos modificados* (pp. 141-159). Barcelona: INDE.

Devís, J. (1994). *Educación Física y desarrollo del currículum: un estudio de casos en investigación colaborativa*. Tesis doctoral. Universitat de Valencia.

Devís, J. (1996). *Educación Física, deporte y currículum*. Investigación y desarrollo curricular. Madrid: Visor.

Devís, J. y Peiró, C. (1992). *Nuevas perspectivas curriculares en Educación Física: La salud y los juegos modificados*. Barcelona: INDE.

Devís, J. y Peiró, C. (1995). Enseñanza de los deportes de equipo: la comprensión en la Iniciación de los juegos deportivos. En D. Blázquez (Ed.), *La iniciación deportiva y el deporte escolar* (pp. 333-350). Barcelona: Inde.

Devís, J. y Sánchez Gómez, R. (1996). La enseñanza alternativa de los juegos deportivos: antecedentes, modelos actuales de iniciación y reflexiones finales. En J.A. Moreno y P.L. Rodríguez (Eds.) *Aprendizage Deportivo* (159-181). Murcia: Universidad de Murcia.

Devís, J. y Sánchez Gómez, R. (1998). *La perspectiva alternativa en la enseñanza de los juegos deportivos: el modelo comprensivo*. Agora del professorat 98. Complejo Educativo de Cheste. Servicio de Formación del Profesorado. Consellería de Cultura, Educació i Ciéncia, Valencia, 64- 74.

Díaz Lucea, I. (1992). *El currículum de la Educación Física en la reforma educativa*. Barcelona: Inde.

Diprieto, J.A. (1981). Rough-and-tumble play: a function of gender. *Developmental Psychology, 17*; 50-58.

Durán, D. (2000). Cooperar para triunfar. *Cuadernos de Pedagogía*, 298, 73-75.

Durand, G. (1969). *Adolescent et les sports*. París: P.U.F.

Eaton, W.C. y Enns, L.R. (1986). Sex differences in human motor activity level. *Psychological Bulletin*, 100, 19-28.

Echevarría, J. (1980). *Sobre el juego*. Madrid: Taurus.

Eibl-Eibesfeldt, I. (1993). *Etología: la biología de la conducta*. Barcelona: Omega.

Eifermann, R. (1971). Social play in childhood. In R. Herron y B. Sutton (Eds.), *Child's play* (pp. 270-297). New York: Wiley.

Einstein, A. (1981). *Mi visión del mundo*. Barcelona: Tusquets.

Elkonin, D.B. (1980). *Psicología del juego*. Madrid: Visor.

Elliot, J. (1990). *La investigación-acción en educación*. Madrid: Morata.

Ellis, S., Rogoff, B. y Cromer, C.C. (1981). Age segregation in children's social interactions. *Developmental Psychology, 17*; 399-407.

Entwistle, N. (1988). *La comprensión del aprendizage en el aula*. Barcelona: Paidós-MEC.

Erikson, E.K. (1959/1980). *Identidad, juventud y crisis*. Madrid: Taurus.

Escartí, A. y García, A. (1993). El grupo de los iguales y la motivación deportiva. En S. Barriga y J.L. Rubio (Eds.), *Aspectos psicosociales del ambiente, la conducta deportiva y el fenómeno turístico* (pp. 171-178). Sevilla: Eudema.

Escartí, A. y García, A. (1994). Factores de los iguales relacionados con la práctica y la motivación deportiva en la adolescencia. *Revista de Psicología del Deporte*, 6, 35-51.

Espinosa, A. y Vidanes, J. (1991). *La nueva ordenación de la Educación Infantil*. Madrid: Escuela Española.

Espinosa González, A. y Vidanes Díez, J. (1991). *El currículo de la Educación Primaria*. Madrid: Escuela Española.

Etienvre, J. P. (1978). Introducción. En R. Caro (Ed.), *Días geniales o lúdicros* (pp. IX-CXI). Madrid: Espasa Calpe.

Feige, K. (1978). *Leistungsentw und Höchstleistungsalter von Spitzenläufern*. Schorndorf.

Fernández Calero, G. y Navarro Adelantado, Y. (1989). *Diseño curricular en Educación Física*. Barcelona: Inde.

Fernández-Río, J. (2000). La metodología cooperativa como herramienta para la enseñanza de las habilidades motrices básicas en Educación Física. *Tándem, 1,* 107-117.

Feslikenian, F. (1974). *Juegos formativos para sus hijos*. Barcelona: De Yecchi.

Fingermann, G. (1970). *El juego y sus proyecciones sociales*. Buenos Aires: El Ateneo.

Flaubert (1857/1979). *Madame Bovary*. Madrid: Alianza.

Flavell, J. (1984). *La Psicología Evolutiva de Jean Piaget*. Barcelona: Siglo XXI.

Flavell, J.H. y Ross, L. (1984). *Social cognitive development*. Cambridge University Press.

Fomin, N.A. y Filin, W.P. (1975). *Altersspezifische Grundlangen der körperlichen erziehung*. Schorndorf.

Freud, S. (1920). *Más allá del principio del placer*. Obras completas. Madrid: Edición Biblioteca Nueva.

Freud (1923/1983). *Tres ensayos sobre teoría sexual y otros ensayos*. Madrid: Alianza.

Freud, S. (1925). *Inhibición, síntoma y angustia*. Obras Completas. Madrid: Edición Biblioteca Nueva.

Freud, S. (1932). *Nuevas aportaciones al psicoanálisis*. Obras completas. Madrid: Edición Biblioteca Nueva.

Fuentes, F. (1992). El desarrollo social de los niños y la actividad física. *Infancia y Sociedad, 13,* 17-24.

Fuentes, M.J. (1999). Los grupos, las interacciones entre compañeros y las relaciones de amistad en la infancia y adolescencia. En F. López, I. Etxebarria, M.j. Fuentes y M.j. Ortiz (Eds.), *Desarrollo Afectivo y Social* (pp. 151-181). Madrid: Ediciones Pirámide.

Gallardo, P. y Toro, V. (1993). El juego. *Comunidad Educativa; 204,* 27-28.

Garaigordobil, M. (1990). *Juego y desarrollo Infantil*. Madrid: Seco Olea.

Garaigordobil, M. (1992). *Juego cooperativo y socialización en el aula*. Madrid: Seco Olea.

García, A. (1993). *Factores psicológicos y sociales relacionados con la motivación deportiva de los adolescentes*. Tesis Doctoral no publicada. Drs. A. Escartí y a. Musitu. Facultad de Psicología. Universidad de Valencia.

García, E. (1992). El juego en la Educación Física. *Aula de innovación educativa, 7,* 42-25.

García, E. (1987). El juego no tiene edad. *Revista de Educación Física, 14,* 26-34.

García Ferrando, M. (1986). Un únic model: l'esport de competició. *Apunts, 3,* 9-14.

García Fogeda, M.A. (1982). *El juego predeportivo en la Educación Física y el deporte*. Madrid: Gymnos.

García López, A.; Gutiérrez, F.; Marques, J.L.; Román, R.; Ruiz Juan, F. y Samper, M. (1998). *Los juegos en la Educación Física de los 6 a los 12 años*. Barcelona: Inde.

Garfella Esteban, P.R. (1987). El devenir histórico del juego como procedimiento educativo: el ideal y la realidad. *Historia de la Educación, 16,* 133-154.

Garvey, C. (1977). *El juego infantil*. Madrid: Morata.

Generelo, E. y Plana, C. (1996). Cuéntame yayo: un ejemplo de material didáctico como apoyo en la formación del maestro acerca de los valores pedagógicos de los juegos tradicionales. En *Actas del I Congreso Internacional de Luchas y Juegos: Tradicionales* (pp. 745-752). Madrid: TGA.

Gervilla, A. (1989). *Didáctica aplicada a la escuela infantil*. Málaga: Edinford.

Gervilla, A. (1992). *Dinamizar y educar*. Madrid: Dykinson.

Gervilla, A. (1995). *¿Comprendo la Educación Infantil?* Málaga: Innovare.

Gessel, A. (1981). *El nlño de 1 a 5 años*. Buenos Aires: Paidós.

Glasser, R. (1965). *Training, research and education*. Nueva York: John Wiley & Sons.

Glover, D.R. y Mindura, D. W. (1992). *Team building through physical challenges*. Champaing. Illinois: Human kinetics.

Goicoechea Rey, M.A. (1991). El valor del juego como proceso de socialización del niño. En R.A. Clemente, C. Barajas, S. Codes, M.D. Díaz, M.j. Fuentes, M.A. Goicoechea, A.M. González y M.j. Linero (Eds.), *Desarrollo socioemocional. Perspectivas evolutivas y preventivas* (pp. 133-149). Valencia: Promolibro.

González Alcantud, J.A. (1995). Oralidad: tiempo, fuente, transmisión. En A. Aguirre Baztán (Ed.), *Etnografia. Metodología cualitativa en la investigación sociocultural* (pp. 142-150). Barcelona: Boixareu Universitaria.

González Badillo, J.J. (1991). *Halterofilía*. Madrid: COE.

González, E. (1996). El aprendizaje de los juegos deportivos. En J.A. Moreno y P.L. Rodríguez (Eds.) *Aprendizage deportivo* (pp. 10 1-120). Murcia: Universidad de Murcia.

González, E.; Álvarez, C. y De Pablo, P. (1993). El juego en la infancia. *Comunidad Educativa, 208*, 36-38.

González-Herrero, M.E. (1998). *Educación Física en Primaria. Fundamentos y desarrollo curricular: Volumen I*. Barcelona: Paidotribo.

González, J.A. (1993). *Tractatus ludorum*. Barcelona: Anthropos.

González, E. y López, P. (1994). La función de la educación del cuerpo en la Educación Primaria. *Aula de Acción educativa, 23*, 14-19.

Gross, K. (1898). *The play of animals*. New York: Appleton.

Gross, K. (1901). *The play of man*. N. York: Arno (1976).

Gruppe, O. (1976). *Teoría pedagógica de la Educaclan Física*. Madrid: INEF.

Guillemard, G.; Marchal, J.C.; Parent, M.; Parlebas, P. y Schmitt, A. (1988). *Las cuatro esquinas de los juegos*. Lleida: Agonós.

Guitart, R. (1996). ¿A qué jugamos? Los valores en el juego. *Aula de Innovación Educativa, 52-53*, 25-29.

Guitard, R. (1999). *Jugar y divertirse sin excluir: recopilación de juegos no competitivos*. Barcelona: Graó.

Guix, D. y Serra, P. (1997). Los grupos cooperativos en el aula, una respuesta al reto de la diversidad en la Educación Primaria. *Aula de Innovación Educativa, 59*, 46-48.

Gulton, Ph. (1982). *El juego de los niños*. Barcelona: Hogar libro.

Gutiérrez, M. (1995). *Valores sociales y deporte. La actividad física y el deporte como transmisores de valores sociales y personales*. Madrid: Gymnos.

Gutiérrez, M. (1996). El maestro como promotor de valores sociales a través de la actividad fisica. En P.L. Rodríguez y J.A. Moreno (Eds.), *Perspectivas de actuación en Educación Física* (pp. 45-60). Murcia: Universidad de Murcia.

Gutiérrez, M. (1998). Desarrollo de valores en la Educación Física y el deporte. Apunts. *Educación Física y Deportes, 51*, 100-108.

Gutton, P. (1982). *El juego de los niños*. Barcelona: Hogar del libro.

Haan, N. (1978). Two moralities in action contexts: Relationship to thought, ego regulation, and development. *Journal of Personality and Social Psychology, 36*; 286-305.

Haan, N. (1985). Processes of moral development: Cognitive or social disequilibrium? *Developmental Psychology, 21*, 996-1006.

Haan, N.; Aerts, E. y Cooper, B.B. (1985). *On moral grounds: The search for a practical morality*. New York: New York Universitv Press.

Hall, G.S. (1904). *Adolescence*. New York: Appleton.

Hargreaves, A. (1996). *Profesorado, cultura y postmodernidad. (Cambian los tiempos, cambia el profesorado)*. Madrid: Morata.

Harre, D. (1983). *Teoría del entrenamiento deportivo*. La Habana: Científico Técnica.

Hartley, R.E.; Frank, L.K. y Goldenson, R.M. (1977). *Como comprender los juegos infantiles*. Buenos Aires: Hormé.

Hichwa, J. (1998). *Right fielders are people too. An inclusive approach to teaching middle school physical education*. Champaing. Illinois: Human Kinetics.

Hernández Moreno, J. (1987). *Análisis de la acción de juego en los deportes de equipo: su aplicación al baloncesto*. Tesis doctoral no publicada. Barcelona: Universidad de Barcelona.

Hernández Moreno, J. (1994). *Análisis de las estructuras del juego deportivo*. Barcelona: Inde.

Horvat, M. y French, R. (1997). *Actividades con paracaídas*. Barcelona: Paidotribo.

Huizinga, J. (1938). *Homo ludens*. Haarlem: Tjeenk Willink.

Huizinga, J. (1972). *Homo ludens*. Madrid: Alianza editorial.

Humphreys, A.P. y Smith, P.K. (1984). Rough-and-tumble play in preschool and playground. En P.K. Smith (Ed.), *Play in animals and humans* (pp. 241- 270). Oxford: Blackwell.

Imeroni y Margaria (1980). *Érase una vez la gimnasia. Una experiencia de actividad lúdico-motora en la escuela primaria*. Barcelona: Gedisa.

Ivic, I. (1989). Jeux traditionnels d'enfantats. *Revue EPS, 66*, 3-6.

Jares, X.R. (1992). *Técnicas e xogos cooperatillos para todas las idades*. A Coruña: Vía Láctea.

Johnson, J.E. (1986). Attitudes Toward Play and Beliefs About Development. En B. Mergen (Ed.), *Cultural Dimensions of Play, Games, and Sport* (pp. 89-101). Champaign: Human Kinetics Publishers.

Johnson, D.W.; Johnson, R.T. y Holubec. E.J. (1999). *El aprendizage cooperativo en el aula*. Barcelona: Paidós.

Johnson, D. W.; Johnson, R. T. y Stanne, M.B. (2000). *Cooperative learning methods: A Meta-Analysis*. En www.clcrc.com/pages/cl-methods.html, 30 p.

Kamii, C. y DeVries, R. (1988). *Juegos colectivos en la primera enseñanza. Implicaciones de la teoría de Piaget*. Madrid: Visor.

Kenyon, G.S. y McPherson, B.D. (1987). An approach to the study of sport socialization. En A. Yiannakis, T.D. McIntire, M.J. Melnick y D.P. Hart (Eds.), *Sport Sociology* (pp. 40-45). Dubuque, Iowa: Kendal/Hunt Publishing Company.

Kiscbusch, K. (1996). *Teaching for understanding: educating students for performance*. En www.weac.org/resource/june96/under.htm, 13 p.

Kleiber, D.A. y Roberts, G.C. (1983). The relationship between game and sport involvement in later childhood: A preliminary investigation. *Research Quarterly for Exercise and Sport, 54*, 200-203.

Klein, M. (1945). *El psicoanálisis de los niños*. Buenos Aires: Paidós.

Knapp, B. (1981). *La habilidad en el deporte*. Valladolid: Miñón.

Kohlberg, L. (1969). Stage and sequence. The cognitive-developmental approach to socialization. En D.A. Goslin (Ed.), *Handbook of socialization theory and research* (pp. 347-480). Chicago: Rand-McNally.

Kohlberg, L. (1976). Moral stages and moralization: The cognitive developmental approach. In T. Lickona (Ed.), *Moral development and behavior: Theory research and social issues* (pp. 31-53). New York: Holt, Rinehart and Winston.

Kohlberg, L. (1982). Estadios morales y moralización. El enfoque cognitivo-evolutivo. *Infancia y aprendizage, 18,* 33-51.

Laín Entralgo (1993). *Crecer, esperar, amar.* Barcelona: Círculo de Lectores.

Lamour, H. (1991). *Manual para la enseñanza de la Educación Física y Deportiva.* Ministerio de Educación Física y Ciencia. Madrid: Paidós.

Lanuza, E. de; Pérez, C. y Fernando, V. (1980). *El juego popular aplicado a la Educación.* Madrid: Cincel.

Le Boulch, J. (1983). *El desarrollo psicomotor desde el nacimiento hasta los 6 años.* Madrid: Doñate.

Le Boulch, J. (1991). *El deporte educativo. Psicocinética y aprendizaje motor.* Barcelona: Paidós.

Lee, T.D. y Magill, R.A. (1983). The locus of contextual interference in motor skill acquisition. *Journal of Experimental Psychology: learning; memory and cognition, 94,* 730-746.

Lee, T.D. y Magill, R.A. (1985). Can forgetting facilitate skill acquisition? En D. Goodman, R.B. Wilmore e I.M. Franks (Eds.). *Differing perspectives in motor learning, memory and control* (pp. 117-141). North Holland: Elsevier Science Publishers.

Leif, J. y Brunelle, L. (1978). *La verdadera naturaleza del juego.* Buenos Aires: Kapelusz.

Lempart, T. (1973). *Die XX. Olympischen spiele München 1972.* Probleme des Hochleistungssports. Berlín.

Lever, J. (1976). Sex differences in the games children play. *Social Problems, 23,* 4.

Lever, J. (1978). Sex differences in the compexity of children's play and games. *American Sociological Review, 43,* 471-483.

Linaza, J. (1991). *Jugar y aprender.* Madrid: Alhambra Longman.

Linaza, J. y Maldonado, A. (1987). *Los Juegos y el deporte en el desarrollo psicológico del niño.* Barcelona: Anthropos.

Lizana, J.L. (1991). *Jugar y aprender. Documentos para la Reforma.* Madrid: Alhambra Longman.

Lyon, D. (1996). *Postmodernidad.* Madrid: Alianza.

Maestro Guerrero, F. (1996). El hecho cultural de jugar. En *Actas del I Congreso Internacional de Luchas y Juegos Tradicionales* (pp. 615-621). Madrid: TGA.

Martin, D. (1981). *Concepción de un modelo para entrenamiento de jóvenes.* Leistungesport-3.

Maté, M. (1996). Trabajo en grupo cooperativo y tratamiento de la diversidad. *Aula de innovación educativa, 51,* 51-56.

Matveiev, P. (1975). *Periodización del entrenamiento deportivo.* Madrid: INEF.

McGill, J. (1984). Play for play's sake: Cooperative games as a strategy for integration. National Institute on Mental retardation. Toronto. Canadá. Documento ERIC n° EC190941, 49 p.

MacDonald, K. (1993). Parent-Child play: An evolutionary perspective. En K. MacDonald (Ed.), *Parent-child play* (pp. 113-143). New York: State University of New York Press.

Marín, I. (1995). *Juegos populares: jugar y crecer juntos.* Barcelona: Infancia.

Marín, R. (1982). *Principios de la pedagogía contemporánea.* Madrid: Rialp.

Marín Santiago, I. (1996). El juego en la Educación Primaria. *Aula de innovacion educativa, 52-53,* 19-24.

Martín Castilla, S. (1990). El desarrollo del niño a través del juego. *Psiquis, 5,* 61-62.

Martinez Criado, G. (1998). *El juego y el desarrollo infantil.* Barcelona: Octaedro.

McCune, L. (1995). A normative study of representational play and the transition to language. *Developmental Psychology, 31,* 198-206.

McLaren, P. (1997). *Pedagogía crítica y cultura depredadora. Política de oposición en la era posmoderna*. Barcelona: Paidós.

MEC (1989). *Diseño Curricular Base para la Educación Infantil*. Madrid: Ministerio de Educación y Ciencia.

MEC (1991a). *R.D. 1330/1991, de 6 de septiembre, por el que se establecen los aspectos básicos del Currículo de la Educación Infantil B.O.E. 7/9/199 I*. Madrid: Ministerio de Educación y Ciencia.

MEC (1991b). *R.D. 1333/1991, de 6 de septiembre por el que se establece el Currículo de la Educación Infantil B.O.E. 9/9/1991*. Madrid: Ministerio de Educación y Ciencia.

Medina, A. (1987). *Pinto Maraña. Juegos populares infantiles*. Madrid: Miñón.

Medina, R. (1989). *Pedagogía de la escuela infantil*. Madrid: Santillana.

Ministerio de Educación y Ciencia (1992). *Primaria. Decreto del Currículo*. Madrid: Secretaría General Técnica. Centro de Publicaciones.

Molina, J.P. y Villamón, M. (2000) Principies stratégico-tactiques des sports de combat: léxemple du judo. En A. Terrise (Ed.). *Recherches en sports de combat et en Arts martiaux. État des lieux* (pp. 175-184). Paris: Editions Revue EPS.

Molina Valero, J. (1990). El juego, su importancia: evolución en el ciclo inicial. *Comunidad Educativa, 183*, 26-31.

Moor, P. (1981). *El juego en la educación*. Barcelona: Herder.

Moreno, C. (1978-79). *Apuntes de la asignatura juegos*. INEF (documento sin publicar).

Moreno, J.A. (1995). El descubrimiento del waterpolo a través del juego. *Comunicaciones Técnicas, 6*, 43-50.

Moreno, J.A. y Gonzálvez, M.J. (1994). Juegos modificados acuáticos con material reciclado. Una alternativa didáctico-recreativa. *Comunicaciones técnicas, 2*, 29-41.

Moreno, J.A. y Gutiérrez, M. (1998). Propuesta de un modelo comprensivo del aprendizaje de las actividades acuáticas a través del juego. *Apunts: Educación Física y Deportes, 52*, 16-24.

Moreno, J.A. y Rodríguez, P.L. (1996). *Aprendizage deportivo*. Murcia: Universidad de Murcia.

Moreno Palos, C. (1992). *Aspectos recreativos de los juegos y deportes tradicionales en España*. Madrid: Gymnos.

Moreno Palos, C. (1993). *Juegos y deportes tradicionales de España*. Madrid: Alianza Editorial y Consejo Superior de Deportes.

Moyles, J.R. (1990). *El juego en la Educación Infantil y primaria*. Madrid: Morata. Ministerio de Educación y Ciencia.

Mujina, V. (1983). *Psicología de la Edad Preescolar*. Madrid: Visor.

Munné, F. (1980). *Psicosociología del tiempo libre*. Madrid: Trillas.

Navarro Adelantado, V. (1993). El juego infantil. En V.V.A.A. (Eds.), *Fundamentos de la Educación Física para la enseñanza Primaria. Vol. II* (pp. 629- 660). Barcelona: Inde.

Navarro Adelantado, V. (1993a). Aprender a jugar y aprender jugando. En D. Blázquez Sánchez, O. Camerino, M. Castañar, A. Costes, M.J. De la Rica, M.A. Delgado Noguera, J. Devís, J. Díaz Lucea, E. Estapé, C. Fernández-Quevedo, E. Generelo, F. Gil Sánchez, M. González Muñoz, S. Lapetra, X. Magraner, M. Mateu, V. Navarro Adelantado, C. Peiró, R.M. Pérez Peidro y J. Riera (Eds.), *Fundamentos de Educación Física para Enseñanza Primaria* (pp. 661-701). Barcelona: Inde.

Navarro Adelantado, V. (1993b). El juego infantil. En D. Blázquez Sánchez, O. Camerino, M. Castañar, A. Costes, M.J. De la Rica, M.A. Delgado Noguera, J. Devís, J. Díaz Lucea, E. Estapé, C. Fernández-Quevedo, E. Generelo, F. Gil Sánchez, M. González Muñoz, S. Lapetra, X. Magraner,

M. Mateu, V. Navarro Adelantado, C. Peiró, R.M. Pérez Peidro y J. Riera (Eds.), Fundamentos de Educación Física para Enseñanza Primaria (pp. 629-660). Barcelona: Inde.

Newel, K.M. (1978). Some issues on action plans. En G.E. Stelmanch (Ed.), *Information processing in motor control and learning* (pp. 78-96). Nueva York: Academic Press.

Norbeck, E. (1971). The Antropological study of Human play. *Rice University Studies, 60*(3).

Omeñaca, R. y Ruiz, J. (1999). *Juegos cooperativos y E.F.* Barcelona: Paidotribo.

Oña, A. (1987). *Desarrollo y motricidad.* Granada: C.D. INEF.

Opie, I. y Opie, P. (1969). *Children's games in street and playground.* Oxford: Clarendon Press.

Oppenheim, J. (1990). *Los juegos infantiles.* Barcelona: Martínez Roca.

Orem, R. (1974). *La teoría y el método Montessori en la actualidad.* Buenos Aires: Paidós.

Orlick, J. (1982): *The second cooperative sports and game book.* New York: Panteheon Books.

Orlick, P. (1990). *Libres para cooperar, libres para crear.* Barcelona: Paidotribo.

Orlick, T. (1986). *Juegos y deportes cooperativos. Desafíos divertidos sin competición.* Madrid: Popular.

Orlick, T. (1986b). Evolution in children's sport. En M. Weiss y D. Gould (Eds.), Sport for children and youth. *The 1984 Olympic Scientific Congress Proceedings vol. 10* (169-178). Illinois: Human Kinetics.

Orlick, T. (1988). El juego cooperativo. Cuadernos de Pedagogía, 163, 84-86.

Orlick, T. y Zitzelsberger, L. (1994). Un deporte enriquecedor para niños y jóvenes. *IV Jornadas sobre el juego. 18-22 de julio.* Unisport. Málaga. Documento sin publicar.

Ortega, E. y Blázquez, D. (1985). *La actividad motriz.* Madrid: Cincel.

Ortega, R (1990). *Jugar y aprender.* Sevilla: Diada.

Ortega, R. (1992). *El juego infantil y la construcción social del conocimiento.* Sevilla: Ediciones Alfar.

Ortega y Gasset, I. (1967). El origen deportivo del estado. *Citius, altius, fortius, 1- 4,* 259-276.

Ortega, R. y Lozano, T. (1996). Espacios de juego y desarrollo de la autonomía y la identidad en la Educación Infantil. *Aula de Innovación Educativa,* 52-53, 13-17.

Ortega y otros (1988): *Ludoteca.* Faro. Portugal: Laboratorio.

Ovejero, A. (1990). *El aprendizage cooperativo. Una alternativa eficaz a la enseñanza tradicional.* Barcelona: PPU.

Palacios, J.; Couso, J.M.; Díez, R. y Mouriño, G. (1994). El juego en Educación Física: Consideraciones sobre su utilización. *Revista de Educación Física, 56,* 25-31.

Palacios, J.; Fraguela, R. y Varela, L. (1996). *Xogos cooperativos e actividades infantís: educar na cooperación no ámbito escolar.* Santiago de Compostela: Edisións LEA.

Palomar, M. (1991). *Cooperación en la clase. Propuesta para profesores.* Alicante: Ayuntamiento de Alicante.

Paredes, J. (1998). Sobre la etimología de la palabra juego. Córdoba. *Asociación de maestros de E.F., 3,* 13-17.

Parlebas, P. (1981). *Contribución a un lexique commenté en science de l'action motrice.* Paris: INSEP.

Parten, M.B. (1932). Social participation among preschool children. *Journal of abnormal children and social psychology, 27,* 243-269.

Pascual, C. (1992). El problema del currículum de Educación Física en la formación del profesorado. En O.R. Contreras y I. Sánchez (Eds.), *Actas del VIII Congreso Nacional de Educación Física de E.U. de Profesorado de E.G.B.* Cuenca: Servicio de Publicaciones de la Universidad de Castilla la Mancha.

Pelegrín, A. (1990). *Cada cual atienda su juego.* Madrid: Cincel.

Pelegrín, A. (1996). *La flor de la maravilla. Juegos, recreos, retahílas.* Madrid: Fundación Germán Sánchez Ruipérez.

Pellegrini, A. (1955). *The future of play theory.* New York: Suny.

Pellegrini, A. y Smith, P. (1998). Physical activity play: the nature and function of a neglected aspect of play. *Child Development, 69,* 3, 755-598.

Pérez Gómez, A. (1990). Comprender y enseñar a comprender. Reflexiones en torno al pensamiento de J. Elliot. En J. Elliot (Ed.), *La investigación-acción en educación* (9-19). Madrid: Morata.

Pérez Gómez, A.I. (1998). *La cultura escolar en la sociedad neoliberal.* Madrid: Morata.

Pérez Samaniego, V. y Sanchís, J.R. (1999). La participación en el juego: una perspectiva educativa. En M. Villamón (Ed.), *Formación de los maestros especialistas en Educación Física* (216-231). Consellería de Cultura, Educació i Ciencia. Valencia.

Perkins, D. (1993). Teaching for understanding. *American Educator; The Professional Journal of the American Federation of Teachers, 17,* 3, 28-35.

Piaget, J. (1946). *La formación del símbolo.* México: FCC (Traducción en castellano, 1961).

Piaget (1986). *Psicología y pedagogía del juego.* Barcelona: Agostini.

Piaget, J. y Inhelder, B. (1982). *Psicología del niño.* Madrid: Morata.

Piernavieja, M. (1966). Depuerto, deporte, protohistoria de una palabra. *Citius, altius, fortius, VIII-I-2,* 5-190.

Pigott, R. (1985). A psychological basis for new trends in game teaching. *Bulletin of Physical Education, 19,* 17-22.

Poulter, C. (1987). *Jugar al juego.* Ciudad Real: Ñaque.

Poveda, J.M. (1981). *Locura y creatividad.* Madrid: Alhambra.

Puig, M.C. (1994). El juego. En P.M. Alonso (Ed.), *La Educación Física y su Didáctica* (pp. 99-111). Alcalá de Henares: ICCE.

Puigmire-Stoy, M.C. (1996). *El juego espontáneo.* Madrid: Narcea.

Pulet Carrasco, R. (1995). *Juegos de animación en Educación Infantil y Primaria.* Málaga: Aljibe.

Pulido, M.; Batista, L. y Álvarez, A. (1997). *Juegos ecológicos en el aula.* Caracas: Fundambiente.

Pujolás, P. (1997). Los grupos de aprendizaje cooperativo. Una propuesta metodológica y de organización del aula favorecedora de la atención a la diversidad. *Aula de Innovación Educativa, 59,* 41-45.

Read, B. (1988). Practical knowledge and the teaching of games. En Varios (Eds.), *Essays in Physical Education, Recreation Management and Sports Science* (pp. 111-122). Loughborough: Loughborough University Press.

Read, B. y Devís, J. (1990). Enseñanza de los juegos deportivos: cambio de enfoque. *Apunts: Educación Física y Deportes, 22,* 51-56.

Real Decreto 1006/1991, de 14 de junio, por el que se establece las enseñanzas mínimas correspondientes a Educación Primaria. Madrid: BOE, nº 152 y suplemento. 26 de junio de 1991.

Real Decreto 1344/1991, de 6 de septiembre, por el que se establece el currículo de la Educación Primaria en el área de gestión del MEC. Madrid: BOE nº 220. 13 de septiembre de 1991.

Remplein, H. (1971). *Tratado de psicología evolutiva.* Madrid: Labor.

Rico, I. y Fontecha, C. (1998). El aprendizaje cooperativo en Educación Física. La enseñanza de la Educación Física y el deporte escolar. Actas II Congreso Internacional (pp. 76-79). Almería: Universidad de Almería.

Riera, J. (1988). Motricidad humana. Desarrollo y aprendizaje. Humanismo y nuevas tecnologías en la Educación Física y el deporte. *Congreso mundial AI-SEP*. Madrid: AISEP.

Riera, J. (1995). Análisis de la táctica deportiva. *Apunts: Educación Física y Deportes, 40*, 47-60.

Rink, J.E. (1996). Tactical and skill approaches to teaching sport and games. *Monográfico del Journal of Teaching in Physical Education, 15*, 397-517.

Ripoll, H. (1982). Problèmes posés par l'adaptabilité du geste sportif aux perturbations imposées par le milieu. En G. Azemar y H. llipoll (Eds.). *Eléments de neurobilogie des comportements moteurs* (pp. 117-131). Paris: INSEP.

Rivera, E. (1999). *Evaluación de la elaboración y desarrollo del Proyecto Curricular del área de Educación Física en centros de Educación Primaria*. Tesis Doctoral. Facultad de Ciencias de la Educación. Universidad de Granada.

Riviere, A. (1985). *La Psicología de Vygotsky*. Madrid: Visor.

Roberts, J. y Malcolm, J.A. (1959). Games in culture. *American Anthropologist, 61*.

Rodado, P. (1985). El juego en el programa de Educación Física Escolar. *Revista Española de Educación Física y Deportes, 3/4*, 18-22.

Rodríguez, P.L. y Moreno, J.A. (1997a). Diseño de un sistema de evaluación cualitativo-cuantitativo en las acciones en voleibol. *Revista de Entrenamiento Deportivo, 47*, 31-42.

Rodríguez, P.L. y Moreno, J.A. (1997b). Análisis de la eficacia de un jugador de voleibol através de una sistema de registro cualitativo-cuantitativo (SC-CAV). *Revista Española de Educación Física, 32*, 11-18.

Rogers, M., Miller, N. y Hennigan, K. (1981). Cooperative games as an intervention to promote cross-racial acceptance. *American Educational Research Journal, 18*, 4; 513-516.

Rojas, E. (1998). *Una teoría de la felicidad*. Madrid: CIE Inversiones editoriales.

Rokeach, M. (1973). *The nature of human values*. New York: Free Press.

Rokeach, M. (1979). *Understanding human values: Individual and societal*. N. Y.: Free Press.

Romance, T.J.; Weiss, M.R. y Bockoven, J. (1986). A program to promote moral development through elementary school physical education. *Journal of Teaching Physical Educ. 5,* 126-136.

Rousseau, J.J. (1985). *Emilio o de la Educación*. Madrid: Edaf.

Rubio Camarasa, A. (1980). Prólogo. En E. de Lanuza, C. Pérez y V. Fernando (Eds.), *El juego popular aplicado a la Educación* (pp. 7-8). Madrid: Cincel.

Rué, J. (1998). El aula: un espacio para la cooperación. En C. Mir (Ed.), Cooperar en la escuela. *La responsabilidad de educar para la democracia* (pp. 17-49). Graó. Barcelona.

Ruíz Alonso, G. (1991). *Juegos y deportes alternativos en la programación de Educación Física escolar*. Lleida: Agonós.

Ruiz, L.M. (1995). *Competencia Motriz. Elementos para comprender el aprendizage motor en Educación Física escolar*. Madrid: Gymnos.

Ruiz, L.M. (1996). La variabilidad al practicar en el aprendizaje deportivo. En J.A. Moreno y P.L. Rodríguez (Eds.). Aprendizaje deportivo (pp. 23-34). Murcia: Universidad de Murcia.

Rüssel, A. (1976). *El juego de los niños*. Barcelona: Herdr.

Sáenz López, P.; Ibáñez, S.J. y Giménez, F.J. (1999). La motivación en las clases de Educación Física. *Revista Digital Lecturas: Educación Física y Deportes, 4*; 17: http://www.efdeportes.com/efd17a/motiv.htm.

Sánchez Gómez, R. (1996). Comprensión y enseñanza de los juegos deportivos: Una evaluación cualitativa en el modelo comprensivo basada en los diarios de clase. *Programa de Formación del Profesorado*. Universidad Nacional de Educación a Distancia. Documento sin publicar.

Sánchez Gómez, R. (1997). Juegos deportivos y experiencia satisfactoria: sugerencias para la Educación Física basadas en la participación, la igualdad y la comprensión. En S. Camarero, V. Tella y J. Mundina (Eds.). *La actividad deportiva en el ámbito escolar* (187-214). Valencia: Promolibro.

Sánchez Gómez, R. (2000). Pensando la cooperación: una propuesta de enseñanza de los juegos cooperativos orientada a la estrategia y la participación. En *III Jornades d'intercanvi d'experiències d'Educació Física* (133-143). Valencia: CEFIRE-AMEF.

Sánchez Gómez, R. y Devís, J. (1995). Modelos contemporáneos de enseñanza alternativa de los juegos deportivos en España. Aplicacions i fonaments de les activitats fisico-esportives. *Actas del 2° Congreso de las Ciencias del deporte, la Educación Física y la recreación* (pp. 95-107). Lleida: INEFC Lleida.

Sarazanas, R. y Bandet, J. (1983). *El niño y sus juguetes*. Madrid: Narcea.

Scheines, G. (1999). Juegos inocentes, juegos terribles. *Revista Digital Lecturas: Educación Física y Deportes, 4, 14*. http://www.efdeportes.com/efd14/ juegos.htm.

Schiller (1935/1968). *La educación estética del cuerpo*. Madrid: Espasa Calpe.

Schmidt, R.A. (1975). A schema theory of discrete motor skill learning. *Psychological Rewiew, 82*, 225-260.

Schmidt, R.A. (1988). *Motor Control and Learning: A Behavioral Emphasis*. Champaign: Human Kinetics.

Sebastiani, E.M. (1995). La enseñanza de los deportes individuales. Modelos de intervención pedagógica. En D. Blázquez (Ed.), *La iniciación deportiva y el deporte escolar* (pp. 312-331). Barcelona: Paidotribo.

Singer, R.N. (1975). *Motor learning and human performance*. Londres: Macmillan Pub.

Singer, R.N. (1986). *El aprendizaje de las acciones motrices en el deporte*. Barcelona: Hispano Europea.

Schwartz, S.H. y Bilsky, W. (1987). Toward a Universal Psychological Structure of Human Values. *Journal of Personality and Social Psychology, 53*, 3, 550- 562.

Secadas, F. (1983). Psicología del juego, formulación de una hipótesis. *Revista de Psicología Social y Aplicada, 3*, 583-589.

Secadas, F.C. (1978). Las definiciones del juego. *Revista Española de Pedagogía, 142*, 15-83.

Seminario de educación para la paz (1993). *Manos cooperativas*. Madrid: Sedupaz/APDH.

Seminario de educación para la paz (1996). La alternativa del juego II. *Juegos y dinámicas para la paz*. Madrid: Los libros de la Catarata.

Slavin, R.E. (1995). Research on cooperative learning and achievement: What we know, what we need to know. En http://www.uni-leipzig.de/~theolweb/sander/uebung/coopleam.html.

Smith, P.K. (1978). A longitudinal study of social participation in preschool children: solitary and parallel play reexamined. *Developmental Psychology, 14*, 517-523.

Sos Racisme (1998). *Juegos étnicos de participación cooperativa*. Barcelona.

Spencer, H. (1855). *Principios de psicología*. Madrid: Espasa Calpe.

Stern, D. (1977). *La primera relación madre-hijo*. Madrid: Morata.

Sutton-Smith, B. (1966). Piaget on play. A critique. *Pychological Review, 73*.

Thelen, E. (1980). Determinants of amounts of stereotyped behavior in normal human infants. *Ethology and sociobiology, 1*, 141-150.

Thomas, R. (1981). *Sport, définitions, classifications en sports and science*. París: Vigot.

Thorpe, R; Bunker, T. y Almond, L. (1986). *Rethinking games teaching*. University of Technology. Loughborough. England.

Tinning, R. (1992). *Educación Física: La escuela y sus profesores*. Valencia: Universitat de Valencia.

Tjeerdsma, B.L.; Rink, J.E. y Graham, K.C. (1996). Students perceptions, values and beliefs prior to, during, and after badminton instruction. *Journal of Teaching in Physical Education, 15*, 464-476.

Torres, A.; Torres, V. y Machado, A. (1991). *Educación Infantil. Curso de formación*. Sevilla: Junta de Andalucía.

Torres Guerrero, J. et al. (1993). *Las actividades Físicas Organizadas en Educación Primaria*. Granada: Rosillo's.

Torres Guerrero, J. (1999). Contribución de las Actividades Físicas Recreativas a la educación para la ocupación constructiva del ocio. En *La Educación Física en el siglo XXI. Actas del Primer Congreso Internacional de Educación Física* (pp. 43-61). Madrid: Fondo Editorial de Enseñanza.

Tourtet, L. (1973). *Jugar, soñar, crear*. Madrid: Atenas.

Trapero, M. (1971). El campo semántico "deporte" en el español actual. *Citius, altius, fortius, XIII-1-4*, 141-147.

Trigo, E. (1989). *Juegos motores y creatividad*. Barcelona: Paidotribo.

Trigo, E. (1994). *Aplicación del juego tradicional en el currículum de E.F.* Barcelona: Paidotribo.

Trigo Aza, E. (1995). El juego tradicional en el currículum de Educación Física. *Aula de innovación educativa, 44*, 5-9.

Trigueros, C. et al. (en prensa). Aportaciones de los juegos tradicionales a los contenidos del área de Educación Física. Pensamientos y creencias de los profesores. En *Actas de las Jornadas: Repensar la Educación Secundaria*. Granada.

Trigueros, C. (2000). *Nuevos significados del juego tradicional en el desarrollo curricular de la Educación Física en centros de Educación Primaria de Granada*. Tesis Doctoral. Facultad de Ciencias de la Educación. Universidad de Granada.

Tuvilla, J. (1993). *Educar en los derechos humanos*. Madrid: CCS.

Valero, A. (1998). Actitudes y valores en el deporte aplicables a la Educación Física en la escuela. *Aula de Encuentro, 1*, 70-72.

Vasta, R.; Haith, M. y Miller, S. (1996). *Psicología Infantil*. Barcelona: Editorial Ariel.

Veiga García, F.M. (1998). *Tesis doctoral: Xogo popular galego e educación. Vixencia educativa e función de identificación cultural dos xogos e enredos*. Santiago de Compostela: Universidad de Santiago de Compostela/Servio de publicaciones e intercambio científico.

Vera, M. y Hernández, A. (1997). *Apuntes del curso de Habilidades expresivas: ¿Cómo expresamos con el cuerpo?* Alicante: CEP de Valencia.

Vygotsky, L. (1933/1982). *El desarrollo de los procesos psicológicos superiores*. Barcelona: Crítica.

Wacker, D. (1984). Increasing on-task performance of students with severe handicaps on cooperative games. *Education and training of the mentally retarded, v. 18, n. 3*, 183-190.

Wallon, H. (1941/1980). *La evolución psicológica del niño*. Buenos Aires: Psique.

Wallon, H. (1979). *Del acto al pensamiento*. Barcelona: Grijalbo.

Wallon, H. (1980). *Psicología del niño I y II*. Madrid: Pablo del Río.

Wallon, H. (1981). *Psicología y Educación*. Madrid: Pablo del Río.
Wallon, H. (1984). *La evolución psicológica del niño*. Madrid: Alianza deporte.
Wallon, H.; Piaget, J. y otros (1982). *Los estadios en la psicología del niño*. Buenos Aires: Nueva visión.
Weiss, M.R. y Bredemeier, B.J. (1991). Moral development in sport, *Exercise and Sport Sciencie Reviews, 18,* 331-378.
Whiting, H.T.A. (1979). *Sports de balle et apprentissage*. Paris: Vigot.
Whiting, H. T.A. (1989). Aplicaciones del aprendizaje motor en el deporte. En *Cuadernos Técnicos de Deporte. III Congreso Nacional de Psicología de la Actividad Física y del Deporte*. Navarra: Departamento de Educación y Cultura, Gobierno de Navarra.
Winnicot, D.W. (1979). *Realidad y juego*. Barcelona: Granica.
Wohl, A. (1970). Competitive sport and its social functions. *Int. Review of Sport Sociology, 5,* 117-124.
Wohl, A. (1979). Sport and social development. *International Review of Sport Sociology, 14,* 5-18.
Zapata, O. (1988). *El aprendizage por el juego en la etapa maternal y preescolar*. México D.F.: Pax México.
Zapata, O. (1989). Juego y aprendizaje escolar. *Stadium, 29,* 144, 39-40.
Zapata, O. y Aquino, F. (1989). *Psicopedagogía de la educación motriz en la etapa de aprendizage escolar*. México: Trillas.

OUTROS TÍTULOS DE INTERESSE

Miguel Llorca, Victoria Ramos, Josefina Sánchez y Ana Vega (Coords.): *La práctica psicomotriz: una propuesta educativa mediante el cuerpo y el movimiento*.

Miguel Llorca y Ana Vega: *Psicomotricidad y globalización del currículum de Educación Infantil*.

José Luis Conde Caveda (Coord.): *Juegos para el desarrollo de las habilidades motrices en Educación Infantil*.

José Luis Conde y Virginia Viciana: *Fundamentos para el desarrollo de la motricidad en edades tempranas*.

José Luis Conde, Virginia Viciana y Mª Luisa Calvo: *Nuevas canciones infantiles de siempre. Propuestas para la globalización de los contenidos expresivos en Educación Infantil y Primaria*.

Rafael Bravo Berrocal: *Fundamentos anatómico-fisiológicos del cuerpo humano aplicados a la Educación Física (1)*.

Rafael Bravo Berrocal: *Fundamentos anatómico-flsiológicos del cuerpo humano aplicados a la Educación Física (II)*.

Rafael Bravo Berrocal (Dir.): *Aptitud y correlación entre rendimientos académicos y motores en niños y niñas de once años de edad. Estudio experimental en colegios de Enseñanza Primaria en la ciudad de Málaga*.

Rafael Bravo, Emilio Fernández y Rafael Merino: *El Juego: medio educativo y de aplicación a los bloques de contenido. 200 ejemplos prácticos de utilidad en la escuela*.

Rafael Bravo y Óscar Romero: *Actividades educativo-complementarias en la naturaleza. Juegos utilitarios y de aplicación a la Educación Física*.

Autores varios: *Diccionario de la música*.

David Cárdenas Vélez: *El entrenamiento integrado de las habilidades visuales en la iniciación deportiva.*

Julia Bemal y Mª Luisa Calvo: *Didáctica de la música. La expresión musical en la Educación Infantil.*

Julia Bemal, Mª Luisa Calvo y Carmen Martín: *Repertorio de canciones para la Educación Infantil. Cuaderno de actividades.*

Mª Luisa Martínez y Rosario Gutiérrez: *Las artes plásticas y su función en la escuela.*

Juan Miguel Arráez Martínez: *Teoría y praxis de las adaptaciones curriculares en la Educación Física. Un programa de intervención motriz aplicado en la Educación Primária.*

Salvador Toro y Juan A. Zarco: *Educación Física para niños y niñas con necesidades educativas especiales.*

Olga Aguirre y Ana de Mena: *Educación musical. Manual para el profesorado.*

Ana de Mena González: *Educación de la voz. Principios fundamentales de ortofanía.*

Carmen Carballo Basadre: *Teatro y dramatización. Didáctica de la creación colectiva.*